JN294748

正村俊之

変貌する資本主義と現代社会

貨幣・神・情報

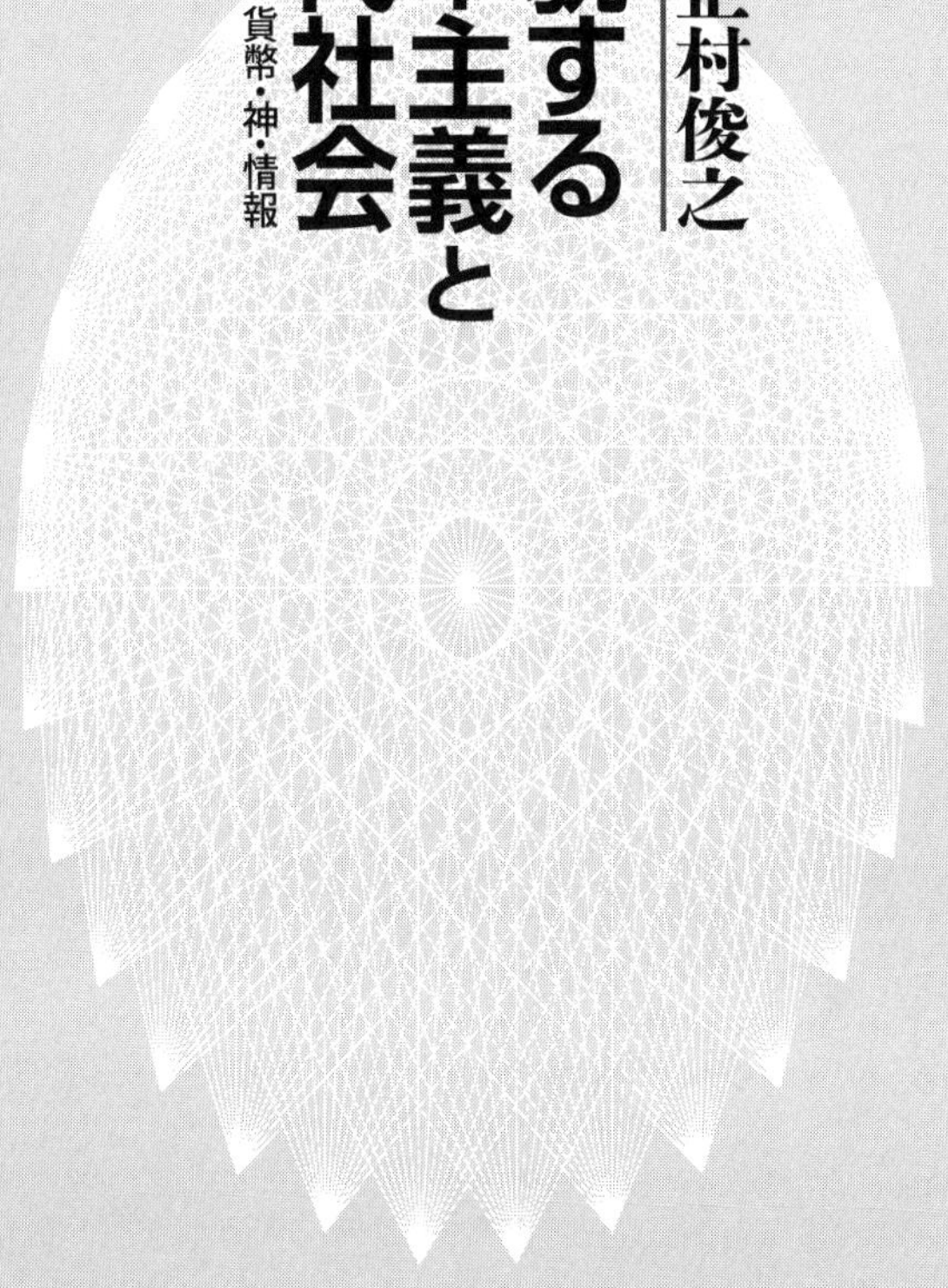

有斐閣

目　次

第7章　機能分化の再編——新自由主義的な教育改革の帰結——175

本書のコピー、スキャン、デジタル化等の無断複製は著作権法上での例外を除き禁じられています。本書を代行業者等の第三者に依頼してスキャンやデジタル化することは、たとえ個人や家庭内での利用でも著作権法違反です。

はじめに　資本主義の現在

一九八〇年代末以降、社会主義政権が次々と崩壊するなかで、資本主義のグローバル化が進んだ。だが、その後における資本主義の発展は、資本主義に内在する深刻な問題を浮かび上がらせることになった。所得格差の拡大は今や、先進国と発展途上国の間だけでなく、先進国の内部でも深刻化している。また、情報化が進んだ二〇世紀末には、資本主義は経済恐慌から解放されたというニュー・エコノミー論が台頭したが、二〇〇八年には「百年に一度」といわれた世界的金融危機が発生した。

格差の拡大と恐慌の発生。これは一九世紀の資本主義に内在する問題であった。当時の国家は市場メカニズムをコントロールする力を欠いており、レッセフェール（自由放任主義）のもとで格差が拡大し、世界規模の恐慌が発生した。二〇世紀の社会主義、そして第二次世界大戦後の資本主義は、この一九世紀的問題を解決するための体制として生み出された。社会主義は市場経済に代わって計画経済を取り入れたが、戦後の資本主義も市場経済と計画経済をミックスさせた「混合体制」として成立した。戦後の資本主義は、ケインズ主義政策を基調にした福祉国家のもとでデフレを回避し、格差の拡大を抑制したのである。

また第二次世界大戦後は、グローバルなレベルでも国家の力が市場の力に勝っていた。一九世紀の世界経済においては、貿易だけでなく資本移動も自由化されていたが、戦後に確立されたブレトンウッズ体制のもとでは、貿易は基本的に自由化されたものの、資本移動の自由化は認められなかった。固定相場制のもとで資本の自由な移動が起こると、国家の定めた金利水準が変化し、国家が国内に対して自律的な経済政策をとることが難しくなるからである。

このように第二次世界大戦後の資本主義は、ケインズ主義的な福祉国家という国家的枠組みとブレトンウッズ体制という国際的枠組みのもとで、貧困と恐慌という一九世紀的問題の解決をはかった。高度成長を実現した当時の資本主義は「資本主義の黄金期」と呼ばれた。しかし、社会主義と同様に、「資本主義の黄金期」も長くは続かなかった。

ケインズ主義的な福祉国家は、一九七〇年代に入って大きな壁に突き当たった。ケインズ主義政策は国債の大量発行とインフレを招き、労働者の高い賃金水準は企業収益の低下をもたらした。先進国は、物価高騰（インフレーション）と不景気（スタグネーション）が重なった「スタグフレーション」という構造的危機に見舞われたが、それに追い打ちをかけたのが二度のオイルショックであった。そして、ブレトンウッズ体制も基軸通貨となるドルと金の交換可能性を前提にしていたため、アメリカ経済の悪化に伴ってその前提を維持しえなくなった。七〇年代におけるドルと金の交換停止とともに、ブレトンウッズ体制は崩壊した。

戦後の資本主義はこうして七〇年代末に行きづまったが、その打開策として登場してきたのが新自由主義である。規制緩和と民営化を柱に据えた新自由主義は、ケインズ主義政策に異を唱えたマネタリズムに思想的根拠を置いている。ケインズ主義政策が有効需要を創出する政府の積極的な財政出動を重視したのに対して、マネタリズムは、ケインズ主義政策の有効性を否定した。マネタリズムによれば、政府の政策は貨幣を一定率で増加させて物価安定をはかることにとどめ、あとは市場の働きに委ねるのがよい。このようなマネタリズムの思想に依拠した新自由主義が資本主義の新たな成長戦略として採用されたのである。

新自由主義的政策が最初に実施されたのは、ピノチェト独裁政権が誕生したチリであったが、七〇年代末から八〇年代初めにかけて、イギリスではサッチャー政権、米国ではレーガン政権が誕生して以来、新自由主義は世界中に浸透していった。福祉・医療・教育・放送・環境・労働などさまざまな分野で規制緩和と民営化が進んだが、金融もその例外ではなかった。ブレトンウッズ体制の崩壊後、固定相場制が変動相場制に移行しただけでなく、それまで規制されていた資本移動も自由化された。

社会主義の崩壊とは対照的に、資本主義は新自由主義のもとで復活を果たしたが、その過程で再び一九世紀の資本主義に内在していた問題が浮上してきた。戦後の先進国において縮小傾向にあった所得格差は、一九八〇年代を境に拡大傾向に転じた。また、金融の自由化と経済のグローバル化によって市場の不安定性が増大し、世界はたびたび深刻な経済危機に見舞われるようになった。一九九七年にはアジア通貨危機が起こり、ロシア通貨危機、ブラジル通貨危機へと飛び火した。このときは、米国の経済力に支えられて世界恐慌が食い止められたが、二〇〇八年には米国を震源とする世界的金融危機が起こった。

こうしてみると、現代の資本主義は、新自由主義的改革をつうじて一九世紀の資本主義に回帰したかに見える。しかし、事態をつぶさに見ていくと、そうした現象的な類似性の背後に、より大きな構造的変化が進行していることがわかる。新自由主義的改革をつうじて、現代の資本主義は一九世紀の資本主義に回帰するどころか、そこからいっそう乖離しつつあるといっても過言ではない。新自由主義は「大きな政府から小さな政府へ」をスローガンに掲げたが、規制緩和と民営化はその意図通りの結果をもたらしたわけではない。

では、一九世紀の資本主義から現代の資本主義に至る過程でどのような変化が生じたのだろうか。

情報化とグローバル化の進展、そして新自由主義の世界的浸透を背景にして起こった資本主義の変化は、単なる経済的変化ではない。私たちが「近代資本主義」や「近代民主主義」と呼んできたものは、近代社会のなかで成立した経済システムや政治システムを指しているが、現代資本主義の変容は経済システムの内部的変化にとどまらず、経済システムと他の機能システムの関係の変化を伴っている。

この二つの変化を統一的に把握するための鍵を握っているのが貨幣である。とはいえ、従来の貨幣論は、経済学、社会学を問わず、商品市場のなかで機能する貨幣を前提にしてきた。経済学的な貨幣論はもとより、最も優れた社会学的な貨幣論を展開したG・ジンメルでさえも、貨幣を商品交換の媒体として捉えた。多様性の統一という点で神と貨幣が形式的・機能的な類似性をもつというジンメルの指摘は、本書の内容にも深くかかわってくるが、ジンメルの貨幣論も商品市場のなかで機能する貨幣を対象にしていた。しかし、貨幣を単なる商品交換の媒体とみなす限り、現代資本主義の変容を捉えることはできない。

商品市場のなかで貨幣は、多様な商品の質的特性を価格という数量的情報に還元することによって商品の交換可能性を高めており、そうした貨幣の働きの中核をなすのは、多様なものを統一する情報機能である。新自由主義的な制度改革と情報化が進展するなかで、異質なものを媒介する貨幣の情報機能は、商品以外のものにまで拡張されてきているが、このことが現代資本主義の変容を支える要因になっている。そうした変化を認識するには、改めて「貨幣とは何か」という問いに立ち返り、貨幣を歴史的に理解しなければならない。そこで本書では、次のような道筋をたどって現代資本主義の変容にアプローチしてみたい。

まず、一九世紀に確立された近代資本主義が、①産業資本主義であるとともに、②機能分化した経済システムであることを述べ（第1章）、新自由主義の世界的浸透、情報化の進展によってこの二つの側面に変化が起こっていることを示す（第2章）。

次に、これらの変化を統一的に理解するために原始貨幣にまで遡り、貨幣が最初から商品交換の媒体として登場したのではなかったことを述べる（第3章）。そのうえで、原始貨幣から貨幣への移行において何が変化し、何が継承されたのかを検討し（第4章）、近代の金融恐慌が、原始貨幣以来、貨幣を成り立たせてきたメカニズムに駆動されたものであることを指摘する（第5章）。

以上のことをふまえて、再び現代に戻り、近代資本主義において生じた二つの変化について考察する。まず二〇〇八年の世界的金融危機を取り上げ、今回の金融危機が近代の金融恐慌と同様のメカニズムに従いつつも、情報技術の発達、金融工学の誕生、貨幣の現代的変容という現代的な状況のなかで生じたことを指摘する。現代貨幣には、すべての貨幣に共通する歴史貫通的な側面があるとともに、商品交換媒体に還元できない新しい側面が加わっている。貨幣のこの新しい側面を理解するうえで原始貨幣が示唆的な意義をもつことになる（第6章）。

そして、貨幣の働きに着目するならば、金融（経済システム）の内部で生じたのとパラレルな変化が経済システムと他の機能システムの間で起こっていることを、教育を例に取り上げて説明する。新自由主義的改革が進んだ分野の一つが教育であり、新自由主義的改革と情報化が貨幣の現代的変容をつうじて、教育システム・政治システム・経済システムの機能分化の変容をもたらしていることを示す（第7章）。

近代資本主義は社会全体を巻き込むかたちで変容してきているが、最後に、こうした変化が一見合理的な様相を呈しつつも、非合理的な帰結を招く可能性をもっていることを述べる（むすび）。

第1章　近代資本主義とは

1　近代資本主義の二つの特徴

新自由主義的改革が資本主義に対していかなる変化をもたらしたのかを知るためには、一九世紀に確立された近代資本主義とはそもそも何であったのかを認識しておかねばならない。いうまでもないことだが、今日進行している資本主義の変化は、資本主義の新しい形態が古い形態にとって変わるような変化ではない。古い形態と新しい形態は代替的ではなく、むしろ重層的な関係にある。とはいえ、それは新しい形態がただ古い形態のうえに積み重なっただけの変化でもない。新しい形態は古い形態に対して変化をもたらしている。このような変化を理解するためには、近代資本主義の特質を明確にしておかねばならない。その際、二つの側面からアプローチすることができる。

まず第一は、資本主義のさまざまな形態に着目し、他の資本主義的形態との差異を明らかにすることである。そして第二は、近代資本主義が近代社会の経済システムとして成立したことに着目し、他の機能システムとの比較において近代資本主義を捉えることである。前者のほうから見ていこう。

資本主義の前近代的形態

資本の自己増殖をはかる仕組みを「資本主義」と定義するならば、資本主義は、資本の形態とともに古い歴史をもっている。資本には、少なくとも次の三つの形態が存在する。

第一は、商品交換をつうじて差益を得る「商人資本」である。同一の商品を買い取った値段よりも高い値段で売ることができれば、差益が得られる。ある場所で仕入れた商品を遠く離れた場所に運び、そこでより高い値段で売る遠隔地交易はその典型である。商人資本は、近代資本主義に組み込まれた「商業資本」とは異なり、近代資本主義が成立する以前の前期的形態である。

第二は、貨幣の貸し付けに対する見返りとして利子を得る「高利貸資本」である。近代資本主義に内在する「利子付き資本」から区別するならば、高利貸資本も歴史的には古くから存在した。たとえば、財産の自由な売買が認められた古代ローマでは、金融制度も高度な発達を遂げていた。利子を支払えば、借金をすることもできたし、支払いに銀行手形を使うこともできた（Chancellor, 1999＝2000）。ただし、中世ヨーロッパでは、古代ローマで発達した信用経済がいったん衰退し、実物経済へ戻ってしまった。この点は後の議論にも関連してくるので、少し詳しく述べてみよう。

中世のキリスト教世界は、金融に対して厳しい見方をした。アウグスティヌスは、「利益を求める際限のない欲望」つまり金銭欲を権力欲、色欲とならぶ三大罪のひとつに挙げた。またトマス・アクィナスも、貸与した金銭に対する代価としての金銭の受領は罪であるとした。金融取引に対するキリスト教の否定的な見方は聖書に端を発しており、聖書は徴利《ちょうり》を一切禁じていた。

「あなたがたは敵を愛しなさい。人に善いことをし、何も当てにしないで貸しなさい」（新約聖書「ルカによる福音書六」三五）。

中世末期になると、金融に携わるキリスト教徒も現れたとはいえ、高利貸はその「貪欲さ」ゆえに最も罪深い商人であった。利子は、時間の経過によって貨幣から生ずる利益であり、徴利は神に属する時間を盗むゆえに「神への冒瀆行為」であった。「貨幣は貨幣を生まない」という当時の諺にあるように、貨幣は石のごとき不妊の無生物とされ、貨幣の自己増殖的な営みは抑圧された。「貨幣は悪魔の言葉であり、神が真の御言葉で世界を創造されたように、悪魔は貨幣によってこの世の万物を作り出す」というM・ルターの言葉は、キリスト教が近代に至るまで貨幣を敵視し続けたことを物語っている（Shell, 1995＝2004）。

しかしそれでも、一一世紀以降における市場経済の発展は、キリスト教の意図に反して金融の発達を促した。一三世紀には、貨幣は価値を生まないとする「貨幣不妊説」に代わって、価値増殖する「貨幣の種子的性格」を肯定する見解も現れた。その反動として、公権力が徴利をいっそう厳しく取り締まる動きもあったが、それでも金融の発達を押し止めることはできなかった。徴利を逃れるために、商人は帳簿の数字を操作したり、商品売買に偽装したり、売却と買い戻しの差額に徴利を忍び込ませたりした。そうしたなかで最も巧妙かつ安全な方法となったのが為替であった（大黒、二〇〇六）。

一三世紀に入ると、イタリアの都市では為替手形が利用され始めた。手形は、取引相手との信用によって成り立つ信用貨幣であり、手形を利用すれば現金を移動せずに済む。当時のヨーロッパの主要な商業都市では異なる通貨が使われていたので、各都市で為替取引が行われたが、同じ通貨間の為替であっても都市によって為替レートに違いがあった。そのため、金融業者は、都市間の為替レートの差を利用して利益を生み出すことができた。この利益が事実上の利子に相当した。利子は本来、資金の貸与から返済までの時間的経過に伴って発生する利益であるが、現在と未来の時間差が為替レートの地域差に置き換えられたのである。こうしてイタリアの自治都市を中心にした市場経済の発展をつうじて、ヨーロッパ中世を支配していた徴利の禁止が有名無実化し、法の網をかいくぐるかたちで金融取引が復活した。

ただし、手形という私的な貨幣の発明とともに誕生した近代的な信用経済は、それを生み出したイタリアで更なる発展を遂げることはできなかった（中島、一九九四）。ヴェネツィア、フィレンツェ、ジェノバなど有数の自治商業都市の存在がイタリアにおける近代国家の統一を遅らせ、そのことが金融に対して否定的なカソリックの宗教倫理を温存させたからである。徴利の是認のもとに銀行貨幣や銀行券の発行を実現させたのは、近代国家の統一を成し遂げたアルプス以北のヨーロッパ諸国であった。国家的支配から逃れたところで開花した近代的な信用経済は、絶対主義国家から国民国家へと向かう近代国家の庇護のもとで発展していくことになる。とはいえ、信用経済の発達がそのまま近代資本主義の誕生に繋がったわけではない。商人資本と同様、高利貸資本も、近代資本主義の前期的な形態にすぎなかった。

資本主義の近代的形態

近代資本主義を特徴づけているのは、第三の資本形態すなわち「産業資本」である。商人資本の場合には商品と貨幣の交換、高利貸資本の場合には貨幣と貨幣の交換によって差益が得られるが、どちらの利潤追求も交換に基づいている。これに対して、産業資本は市場的交換を前提にしつつ、生産的労働を介して利潤を追求する。

中世の市場は、国家や教会の管理下に置かれていただけでなく、特定の日時に開催される場所すなわち「市場《いちば》」にすぎなかった。しかし一八世紀に入ると、市場間のネットワーク化が進み、「市場《いちば》」は、価格変動に基づく需給調整メカニズムとしての「市場《しじょう》」へと変貌した（Hardach & Schilling, 1980＝1988）。「神の見えざる手」を唱えたアダム・スミスが活躍したのは、「市場《いちば》」が「市場《しじょう》」へ移行した時代であった。地域間の価格差を利用する商人資本は、交易圏が統一されるまでの過渡的段階において機能するが、産業資本はそのような条件に左右されない。なぜなら、産業資本は、生産・流通・消費という社会の再生産過程を利潤追求のメカニズムに組み込むかたちで資本の自己増殖作用を構造化したからである。

近代資本主義は、場所の如何にかかわらず、同一の商品が同一の価格で取引される「一物一価の原則」を前提にしており、最初から世界市場へと向かうグローバルな志向性を内包していた。このような近代資本主義の仕組みを解明したのがK・マルクスとM・ウェーバーにほかならない。近代資本主義に対してマルクスは経済学的な視点から、ウェーバーは社会学的な視点からアプローチしたが、二人は生産的労働に着目して近代資本主義を解明したという点では共通していた。

2 産業資本主義

マルクスの資本主義論

マルクスは『資本論』のなかで資本主義に関する体系的な分析を行っており、その分析は労働価値説に依拠していた。労働価値説は、すでに古典派経済学の基礎理論として確立されたものだが、マルクスはそれに依拠しつつ、古典派経済学とは正反対の結論を導き出した。

労働価値説は、重商主義への批判として登場した理論である。重商主義政策は、一六〜一七世紀にかけて絶対主義国家が採用した経済政策であり、金属貨幣の蓄積と国富を同一視する傾向を有していた。そのため、重商主義国家は、最初は貿易によって金銀を獲得し、後には輸入の抑制と輸出の伸張によって国富を築こうとした。これに対して、商品の価値を規定しているのは人間の労働にあり、国富の源泉も労働にあると考えたのが労働価値説である。労働価値説の登場は、商人資本から産業資本に移行しつつある当時の社会状況を反映していた。そして、労働価値説を古典派経済学から受け継ぎつつ、近代資本主義の批判的解剖を行ったのがマルクスにほかならない。

周知のように、『資本論』は商品の分析から始まっている〔Marx,〔1867, 85, 94〕1962, 63, 64＝

1972)。商品の交換が行われるのは、交換される二つの商品が異なる「使用価値」をもつと同時に、二つの商品が等価な「(交換）価値」をもっているからである。商品の使用価値が各商品の有用性として現れるのに対して、価値は、多様な使用価値に通底する共通項である。このような商品の二重性は、労働価値説によれば、人間労働の二重性に対応している。つまり、使用価値がそれぞれの商品生産に固有な「具体的有用労働」によって形成されるのに対して、価値は、すべての具体的有用労働に共通する「抽象的人間労働」によって生成される。マルクスにとって抽象的人間労働は、商品に投下される社会的に平均化された労働量すなわち労働時間によって表現される。

ここからマルクスは、商品世界のなかで貨幣が生成されるロジックを明らかにするとともに、階級的搾取が生まれる理由を解き明かしていく。個人の自由と平等を前提にした近代資本主義において労働者が自らの労働力と引き替えに資本家から賃金を得ることは、形式的には平等な主体間の交換として行われるが、それにもかかわらず、階級的搾取が発生するのは、労働力商品の特殊性に由来している。

マルクスによれば、商品の価値はその生産に要する社会的・平均的な労働時間に規定されており、労働力商品の価値も労働力の再生産に必要な社会的・平均的な労働時間に規定されている。その労働時間とは、労働者が生きていくうえで必要な商品の生産に要する社会的・平均的な労働時間である。資本家はこの労働時間分の貨幣を賃金として労働者に支払う。ところが、労働者が実際に労働する時間は、労働力の再生産に必要な労働時間を上回っている。この必要労働を上回った労働から生み出された剰余価値が資本家にとっては利潤、労働者にとっては搾取として現れる。

今、商品をW（Waren）、貨幣をG（Geld）とするならば、資本家が貨幣（資本）を使って労働力を含むさまざまな生産財を購入して生産・販売するプロセスはG→W→G'となる。このとき、G'マイナスGは剰余価値（G'－G＝ΔG）となる。この剰余価値は、労働者が自らの再生産に必要な労働以上の労働を行うことによって発生したものであり、その剰余価値を再び資本として生産過程に投入すれば、G→W→G'は無限の自己増殖的運動として展開される。こうしてマルクスが分析した資本主義は、生産的労働を介して資本の自己増殖が永続的に営まれる資本主義すなわち産業資本主義であった。そして、階級的搾取も経済的恐慌も、産業資本主義に内包された問題であった。

なお、「産業資本主義」という概念は、マルクス経済学では、一八世紀末の産業革命によって形成され、一九世紀末の独占資本主義に至るまでの資本主義を指すことが多いが、生産による利潤追求を支配的な様式とした産業資本主義の基本的性格は、あとで説明するように、新自由主義的改革が進む以前の二〇世紀資本主義にもあてはまる。したがって、ここでは「産業資本主義」という概念をより広義に解釈する。

ウェーバーの資本主義論

マルクスが産業資本主義の存立機制を原理的に解明したのに対して、産業資本主義の歴史的生成を説明したのがウェーバーであった。

ウェーバーの理論が登場する以前には、貨幣欲のような人間の自然な欲望に基づいて近代資本主義を説明するのが一般的であった。ウェーバーは、商業や金融のような非暴力的な仕方で経済的利益を得る営みを「資本主義」と規定したうえで、そのような資本主義が洋の東西を問わず、古くから存在していたことを認めた。しかし、ウェーバーにとって近代資本主義は、そのような資本主義とは一線を画していた。というのも、近代資本主義は、イギリス、オランダ、アメリカ合衆国のように、禁欲的プロテスタンティズムの影響力が強く、宗教改革後も商人たちの暴利を厳しく取り締まる地域のなかから勃興してきたからである。

こうした近代資本主義の特異性をふまえて、プロテスタンティズムの反営利的性格と近代資本主義の利潤追求との逆説的な繋がりを解明したのが『プロテスタンティズムの倫理と資本主義の精神』である（Weber, 1920＝1989）。ウェーバーによれば、ルターの「天職（Beruf）」概念には、世俗的労働を神から与えられた使命として捉える見方が用意されていたが、労働への積極的従事という点でルター以上に大きな影響を及ぼしたのがカルヴィニズムであった。

カルヴァンは、人間を含むすべての被造物が神の栄光を実現するための道具であり、人間の救済可能性はあらかじめ決定されているという予定説を唱えた。その後、予定説はカルヴァンの意図とは別の展開を遂げていく。すなわち、職業的成功を収めることが救済の証として理解されるようになり、さらに禁欲的行為から宗教的性格が失われると、利潤追求を自己目的的に遂行する行為だけが残った。こうして、近代資本主義はプロテスタンティズムの意図せざる結果として誕生した。

近代資本主義も、他の資本主義と同様に、利潤追求をめざしているとはいえ、ウェーバーによれば、生産をつうじて利潤を追求するためには、特殊な動機づけが必要である。どの宗教にも禁欲的要素が含まれているが、他の宗教が「世俗外的禁欲」として世俗的生活の断念を要求したのに対して、プロテスタンティズムの倫理は、「世俗内的禁欲」として労働への禁欲的な従事を動機づけた。しかも、労働への禁欲的態度は資本家だけでなく労働者にも要求される。このような禁欲的労働は、人間の自然な心情に由来するのではなく、特定の社会的条件のもとで創出されたというのがウェーバーの見解である。ウェーバーにとっても、近代資本主義とは、労働を介して利潤を追求する産業資本主義を意味していた。

3　機能分化した経済システム

ポラニーの自己調整的市場論

近代資本主義においては、一般の生産財とならんで労働力も商品化されているが、この点に関して近代資本主義論に重要な貢献をしたのが，K・ポラニーの「自己調整的市場論」である。彼の理論は，産業資本主義という，近代資本主義の一つの側面と，機能分化（次項で詳述）した経済システムという，もう一つの側面を架橋する媒介的な役割を演じてくれる。

ポラニーによれば，一八世紀末以前には，経済システムは社会システムのなかに埋め込まれていた（Polanyi, 1957＝1975）。中世の時代，土地は封建的秩序の中心的要素として法的・慣習的な規制のもとに置かれていた。労働条件も人間関係から賃金に至るまで，ギルドと都市の慣例と規則に縛られていた。貨幣はまだ主要な生産要素になっていなかった。商業の発展を推し進めた重商主義は，慣習や伝統に訴える代わりに法と政策を好んだものの，市場への統制という点では封建主義と何ら変わらなかった。一八世紀末以前にも工業が存在していたとはいえ，商業の単なる付属物にすぎなかった。

ところが，一八世紀末から一九世紀前半にかけて，市場の機能に制約を加えていた措置や政策が取り払われた。労働，土地，貨幣は本来，販売するために生産されたものではなかったが，貨幣だけでなく，労働や土地も商品に擬制されたのである。貨幣に「利子」という価格が設定されたように，労働には「賃金」，土地には「地代」という価格が設定された結果，あらゆる生産要素が市場メカニズムのなかに組み込まれた。一八世紀には，それまで孤立的に存在していた市場が結合して統一的な市場が形成されただけでなく，社会のなかに埋め込まれていた「統制的市場」が「自己調整的市場」すなわち「すべての生産が市場での販売のために行なわれ，すべての所得がそのような販売から生まれる」（同訳書：九二）市場へと移行したのである。

ポラニーの議論は、ここからさらに社会と経済の関係に及ぶことになる。ポラニーによれば、自己調整的市場の形成とともに、社会の他の領域からはっきり区別された「経済領域」が出現した。彼の言葉を借りれば、「民主制と代議政治への移行がまさに時代の趨勢の完全な逆転を意味したように、一八世紀末における統制的市場から自己調整的市場への移行は、社会構造における根底的な転換《トランスフォーメーション》を表現するものだった。自己調整的市場が要求することは、まさに、社会が経済的領域と政治的領域とに制度的に分割されるということにほかならない。このような二分割は、実際、自己調整的市場が存在するということを全体社会の観点から言い換えたものにすぎないのである」（同訳書：九五）。

ルーマンの経済システム論

機能分化した経済システムの構造を最も体系的に分析したのは、社会学者のN・ルーマンであった。ルーマンは、生物学者のH・R・マツラナとF・J・ヴァレラが提唱したオートポイエティック・システム論を社会学的に組み替えたうえで近代社会の機能分化を説明した。

ルーマンが定式化した「オートポイエティック・システム」というのは、環境と相互作用しつつ（「開放性」）、システムの構成要素を他の構成要素によって回帰的に再生産する（「閉鎖性」）システムのことである（Luhmann, 1984＝1993: 95）。このシステムは、自己と環境の境界を自ら生成・維持する自己創出的なシステムである。すべての社会システムは、環境と特有な仕方で結合しつつ（構造的カップリング）、自らはコミュニケーションによってコミュニケーションを再生産するオートポイエティック・システムである。

ルーマンによれば、社会の分化形式には三つの形式が存在する。すなわち、社会を①家族や村落といった同質的な諸部分に分割する「環節分化」、②複数の階層に分割する「階層分化」、そして③政治システム、経済システムといった複数の機能システムに分割する「機能分化」である。前近代社会においては、環節分化や階層分化が支配的であり、近代社会においてもこれらの分化形式が消滅したわけではない。たとえば、一九世紀以降、近代社会の世界システムは国民国家の集合として形成されるので、国民国家への分割は環節分化に相当する。とはいえ、近代社会の支配的な分化形式となったのは機能分化である。近代社会は、政治システム、経済システムといった機能システムに分化しているが、それぞれ分化した機能システムも、オートポイエティック・システムである。

各機能システムは、他の機能システムと繋がりをもちつつも自律的に作動する。そして、経済システム、政治システムの自律的な作動に関与しているコミュニケーション・メディアがそれぞれ貨幣、権力である。

経済システムの場合、コミュニケーションは貨幣に媒介されているので、あらゆる出来事が「支払う／支払わない」という二項対立に還元されるとともに、支払い（不支払い）という出来事

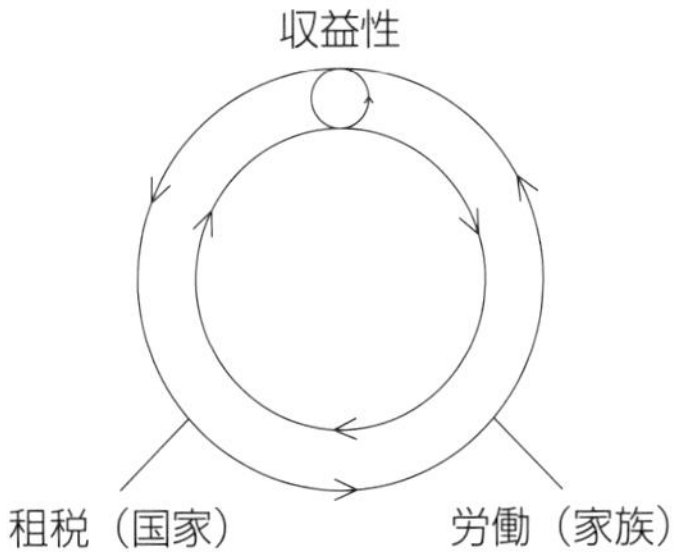

図 1　経済システム：貨幣の二重の循環
（出所）　Luhmann, 1988＝1991, p. 134。

が他の支払い（不支払い）を引き起こす（Luhmann, 1988＝1991）。人が貨幣を使って商品を手に入れられるのは、貨幣を受け取った人が再び貨幣を使うことが期待できるからである。労働力の商品化によって、企業と家族（経済学的に言えば、家計）の間には貨幣が循環する回路が形づくられた。貨幣は、生産物が販売される過程では家族から企業へ、そして賃金が支払われる過程では企業から家族へ移動する。こうした循環的回路の形成によって支払いの可能性が持続する。

逆に、貨幣の支払いが滞ると、その影響は、支払いとは逆向きに働く。図1のなかで、内側の循環運動は、支払い能力が受け渡されていく方向、そして外側の循環運動は、支払い不能力が受け渡されていく方向を示している。いずれにせよ、貨幣は次々と支払い（不支払い）の回帰的な再生産を実現していくのである。

これと同様の構造が政治システムにおいても権力循環というかたちで見出される。代議制民主主義が制度化さ

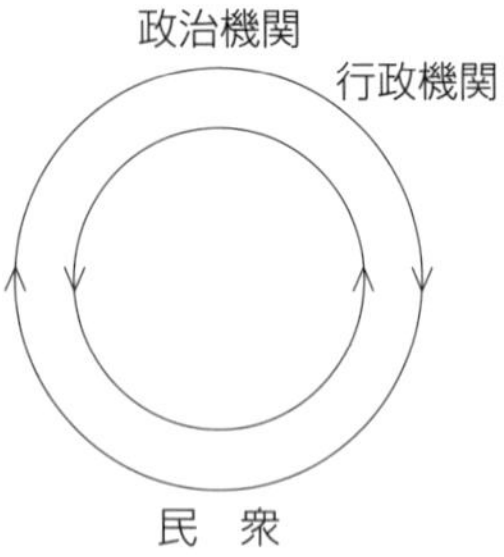

図２　政治システム：権力の二重の循環
（出所）　Luhmann, 1981＝2007 をもとに作成。

れた近代の政治システムは、権力が国民（有権者）、立法機関（政治家）、行政機関（官僚）の間で循環するシステムである（Luhmann, 1981＝2007）。有権者が投票によって自らの代表者である政治家を選出する過程、政治家が法律や政策決定を行う過程、そして官僚がその政策を実行する過程は、いずれも権力行使の過程をなしている。この権力循環を公式のルートとすれば、権力循環には、もう一つの非公式のルートが存在する。それが対抗的権力の循環である。有権者が行政機関による政策執行を阻止したり、官僚が政治家の政策決定に介入したり、政治家が有権者の投票行動に影響を及ぼしたりすることは、対抗的権力の循環を表している（図２）。
貨幣循環と権力循環は、それぞれ経済システムと政治システムが固有の閉鎖性（自律性）をもち、それによって機能分化していることを示している。ただし、このことは、各システムが互いに無関係になることを意味するわけではない。

経済システムのなかで商品交換が行われるのは、商品の有用性に対して人々が多様な「欲望」をもっているからである。欲望は商品世界の外部世界すなわち経済システムの環境に志向している。「支払う／支払わない」という二項対立への還元と商品に対する多様な欲望は、マルクスが商品交換に見出した二重性、つまり価値と使用価値の区別に対応している。商品は、人間の多様な欲望に基づいて多様な使用価値をもっているが、貨幣はそうした多様性を「支払う／支払わない」という二項対立に還元することによって交換の継続可能性を確立している。この二つの側面は、経済システムの「閉鎖性」と「開放性」を表している。

経済システムと政治システムの関係に着目するならば、両者の間には国家の徴税や家族の労働をとおして構造的カップリングが成立している。たとえば、国家が徴収した税をどのように使うかは政治システムのなかで決定されるが、税に基づく貨幣的交換は経済システムに属している。このようにルーマンは、経済システムを他の機能システムと構造的にカップリングしつつ、貨幣が循環するオートポイエティック・システムとして捉えたのである。

歴史的にみれば、「民主制と代議政治への移行」（ポラニー）は、一八世紀末のフランス革命に端を発しているとはいえ、その後、独裁政治の出現など紆余曲折を経た。ルーマンが機能分化した政治システムとして捉えたのは代議制民主主義であるが、代議制民主主義が制度化されていくのは一九世紀後半以降である。女性参政権を含む普通選挙制度が確立されたのは、欧米でも二〇世紀に入ってからである。その意味では、政治システムの機能分化は経済システムの機能分化より遅れたが、一九世紀を、一八世紀末から二〇世紀初頭までを含む「長い一九世紀」として捉えるならば、二つの機能分化は、「長い一九世紀」に達成されたことになる。

この時期はまた、絶対主義国家に代わって国民国家が形成された時期でもある。絶対主義国家は近代国家であるとはいえ、中世国家としての要素を多分に残していた。近代国家の体制は、絶対主義国家が国民国家に移行した時点で整った。その結果、近代社会は、複数の国民国家へと環節分化を遂げつつ、国民国家の内部で機能分化したのである。

国民国家という全体システムと、その部分システムである機能システムは、ほぼ同時期に形成されただけでなく、構造的な同型性を有している。それぞれ国民国家は他の国民国家、そして機能システムは他の機能システムと接触をもちながらも、ともに内部と外部を分かつ厳格な境界を備えている。近代国家が主権国家として国内を自律的に統治しているように、経済システムは貨幣循環、政治システムは権力循環によって、外部から明確に隔てられた内部を創出している。

一九世紀後半以降、国民経済が発達し、国民（成人）を有権者とする普通選挙制度が確立されたが、そのような歴史的過程をつうじて確立された経済システムと政治システムは、国民国家という共通の基盤のうえに成り立つ機能システムであった。

以上、マルクス、ウェーバー、ポラニー、ルーマンの理論を概観することによって明らかになったことは、近代資本主義が、商人資本主義や高利貸資本主義から区別された産業資本主義であると同時に、他の機能システムから分化した経済システムであるということである。近代資本主義にとって決定的であったのは、一九世紀までに貨幣・土地・労働力を含むすべての生産要素が商品化されたことによって貨幣の循環的な回路が形成されたことにある。

ルーマンの理論では、経済システムの機能分化は貨幣の二項対立コードに根拠づけられており、「支払う／支払わない」に対する第三項をすべて排除することが経済システムの閉鎖性＝自律性に繋がると考えられていたが、近代以前から貨幣的交換は「支払う／支払わない」という二項対立コードに従っている。このコードの閉鎖性が機能分化の本質的条件であるならば、社会の機能分化は、古代ギリシャの時代から成立していたことになる。二項対立コードは機能分化の前提条件ではあるが、それだけでは経済システムの機能分化は成立しない。貨幣が二項対立コードに従うだけでなく、すべての生産要素を商品化したことによって、貨幣が生産・流通・消費の過程を循環する閉鎖的な回路が創られたのである。このような仕方で他のシステムから機能分化を遂げたシステムが近代社会の経済システムであった。

第2章　資本主義の二〇世紀的変容

1　新自由主義的改革と資本主義

近代資本主義が「産業資本主義」と「機能分化した経済システム」という二つのメルクマールによって特徴づけられるとすれば、新自由主義が世界を席捲し始める一九八〇年代以前にも、近代資本主義にはすでに一定の変化が生じていた。

大量生産に裏打ちされた大量消費の時代が訪れると、大量消費は即時的な欲求充足を刺激した。生産が生産物という未来の成果を指向するのに対して、消費は即時的な欲求充足として現れるので、生産に対して消費が優位を占めると、禁欲的倫理が掘り崩されることになる（Bell, 1976＝1976, 77）。

また二〇世紀中葉には、消費化と並んで、情報化という、もう一つの変化が加わった。一九世紀の産業資本主義において生産の中核をなしたのは物の生産であったが、情報や情報機器の生産が産業活動の一環として遂行されるようになり、第二次産業に代わって、第三次産業としての情報産業が産業のなかで大きなウェイトを占めるようになった（梅棹、一九六三；Bell, 1973＝1975）。「情報の産業化」から始まった情報化は、やがて「産業の情報化」を経て「社会の情報化」に至った。

生産に対して消費の自律性が高まった資本主義を「消費資本主義」、物の生産に対して情報の生産が優位を占める資本主義を「情報資本主義」と呼ぶならば、これらの資本主義の成立は、産業資本主義の一定の変化を意味している。とはいえ、生産なくして消費はありえないし、情報生産も生産である以上、どちらの資本主義も産業資本主義を根底から覆すものではなかった。他方で、情報化には「社会の情報化」という局面があり、情報資本主義は情報の産業化や産業の情報化に還元できない面をもっている。社会の情報化は、新自由主義的政策の導入とともに、現代資本主義のあり方を根底から変えていく基本的な要因となる。

一九八〇年代以降、新自由主義的政策は、先進国・発展途上国を問わず、多くの国で採用された。ケインズ主義政策が自由市場に対する国家の統制的介入を認めたのに対して、新自由主義的政策は、自由市場の積極的な活用をめざした。「規制緩和」をつうじてこれまで市場に課せられていた社会的規制を取り払い、「民営化」によってこれまで市場的論理が機能していなかった社会領域にまで市場的論理を浸透させていった（Harvey, 2005＝2007）。そして、規制緩和と民営化という新自由主義改革の二つの柱は、近代資本主義の二つの側面に影響を及ぼしていくことになる。

2　生産の優位から金融の優位へ

金融経済と実物経済の乖離

新自由主義に基づく規制緩和が進んだ分野の一つが金融であった。他の分野と同様に、一九八〇年代以前には、金融に関してもさまざまな規制が設けられていた。第一に、銀行の預金金利と貸出金利は、いずれも国の中央銀行が定めた公定歩合をもとにして決められていた。第二に、一九三〇年代の世界恐慌の経験を生かして銀行業務と証券業務が明確に分割され、両者の間に垣根が設けられていた。そして第三に、国境を越えた資本移動も制限されていた。市場に対して国家が優位に立っており、この段階の自由主義は「埋め込まれた自由主義」（J・ラギー）であった(Ruggie, 1982)。

ところが一九八〇年代以降、多くの国で金融の規制緩和が進んだ。銀行の預金金利や貸出金利は各銀行の自由裁量に委ねられ、銀行と証券会社——米国の場合には投資銀行——の相互乗り入れが認められた。そして、資本移動も自由化された。固定相場制が変動相場制に移行しただけでなく、貿易と資本移動の両方が自由化されたのである。その結果、金融経済はさまざまリスク——為替リスク、金利リスク等——を内包するとともに、実物経済から乖離するようになった。

金融経済と実物経済が乖離する動きは、正確にいえば、「所有と経営の分離」が起こった二〇世紀初頭の段階から始まっていた。一九世紀には所有と経営が一体化し、資本家は企業の所有者であると同時に経営者でもあった。そのため、生産から得られた利潤は、基本的に投資に回されたが、所有と経営が分離すると、利潤（貯蓄）が投資に回される可能性が低下した。というのも、株主にとって最大の関心事は株価の動向であり、生産によって生み出された利潤は配当を得るための手段にすぎないからである。このことが金融経済と実物経済の乖離に繋がった。とはいえ、この乖離はまだ萌芽的な段階にとどまっていた。一九八〇年代初めには、世界の金融資産総額は世界の名目GDPの約一倍であり、実物経済と金融経済は均衡のとれた状態にあった。この段階まで近代資本主義は、産業資本主義としての性格を留めていたのである。

一九八〇年代以降に実物経済と金融経済が乖離する動きが顕著になったのは、技術的には金融の情報化が進み、金融工学が発達したこと、そして制度的には金融の自由化によって金融経済が発展したからである。その結果、実物経済に対する金融経済の比率は、一九九〇年には一・七七倍、二〇〇七年には三・四五倍に拡大したのである。

浸透する金融経済

こうした変化は、金融経済の単なる量的膨張を意味しているのではない。金融のメカニズムが社会領域の隅々にまで浸透してきたからである。今では、住宅ローン債権、自動車ローン債権、クレジットカード債権、リース債権が証券化されて国際的な金融市場のなかで取引されている。また、自動車産業のような製造業も分割払いやリースといった信用メカニズムを頼りにしているし、有価証券を持っていない人でもクレジットカードやローンを利用している。

年金基金の運用も、かつては株式の比率を一定の範囲内に抑えるとか、株の銘柄を優良企業に限るとか、さまざまな規制が設けられていたが、規制緩和が進んだ結果、年金は高い利回りを期待して運用されるようになった。年金の運用団体は、ハイリスク・ハイリターンの金融商品を扱うヘッジファンドに年金の運用を託すとともに、自らも大株主として企業の経営に厳しい注文をつけるようになった。株主は、企業に対して設備投資による生産効率の上昇や長期的成長の持続をはかることよりも、高い配当を期待して短期的利益をあげることを望んだ。

金融経済の膨張は、さらに、利潤の追求という資本主義の基本的性質をも変化させた。まず第一に、企業収益全体のなかで金融業収益の占める割合が著しく増大した。産業資本主義においても金融資本は、「高利貸資本」から区別された「利子付き資本」として一定の役割を果たしてきたが、寄生的なものにすぎなかった。しかし、金融、保険、不動産会社の総収益の割合は、米国を例にとるならば、一九八〇年代には製造業部門の収益に追いつき、九〇年代にはそれを超えるまでに成長した（Fumagalli and Mezzadra, 2009＝2010）。その後も、金融業は著しく発展した。米国では、一九九〇年から二〇〇七年にかけてＧＤＰは二・四倍に伸びているが、商業銀行の金融資産は三・四倍、そして（日本の証券会社に相当する）投資銀行の金融資産は一一・八倍にまで伸びている。

第二に、金融化の影響は、金融部門の肥大化をもたらしただけではなく、製造業のような非金融部門にも及んでいる。本来、物の生産によって利潤を追求する製造業も、金融投資から生まれる収益に依存するようになった。労働者が賃金以外の金融収益を手に入れるようになったのと同様のことが物的生産を営む企業にも起こったのである。金融資本の場合、貨幣の自己増殖は、産業資本と違って、生産を媒介することなく行われる。貨幣を媒介にして、商品としての貨幣が交換される市場が金融市場である。金融市場で貨幣の自己増殖がはかられるのは、同一の商品に対して異なる価格が設定されるからである。価格差は、同一の商品が取引される市場の場所的な差異によるのではなく、同一の商品が取引される時間的な差異による。固定相場制が変動相場制に移行し、金利も自由化した現代では、為替や利子率の変動までも価値増殖の源泉になっている。

このような金融資本の論理が生産活動にも浸透してきた。その背景として、企業の統治権力が経営者から所有者（株主）へ実質的に移行し、経営者の役割が変化してきたことが挙げられる。経営者の役割は、それまでの長期的戦略のもとで生産、研究開発、人材開発を行う経営から、株主の期待する短期的収益の最大化をめざす経営、すなわち利回りのいい部門の拡大をはかったり、企業買収を行ったり、余剰人員を解雇したりする経営へと変わってきた（ドーア、二〇一一）。

たとえば、米国の非金融業に関する研究を行ったJ・クロッティ（Crotty, 2005）によれば、一九七〇年代以降、キャッシュ・フローのなかで「金融市場への支払い」に相当する「（純）利子、配当、自社株買いに使った資金」の総額が占める割合が増大した。一九六〇年代には、「金融市場への支払い」は平均二〇％であり、残りの八〇％は投資や内部留保に当てられていた。利潤は、再生産のための投資に回されていたわけである。ところが、七〇年代になると、「金融市場への支払い」の割合は平均三〇％に増加し、さらに一九九〇年には七五％に達した。

第三に、こうした一連の変化は、「生産から金融へのパワーシフト」（D・ハーヴェイ）を物語っているが（Harvey, 2005＝2007）、そのことを裏付けているのが二〇〇八年の世界的金融危機である。今回の金融危機は恐慌的様相を帯びていたが、一口に「恐慌」といっても、二つのタイプがある。一つは、過剰生産もしくは過少消費というかたちで生産と消費の間に生じたギャップを暴力的な仕方で解消する「産業恐慌」、そしてもう一つは、急速に膨れあがった信用バブルが一挙に収縮する「金融恐慌（貨幣恐慌・信用恐慌）」である。二つの恐慌は連動するとはいえ、別の現象である。

歴史的に見ると、金融恐慌の発生は産業恐慌よりも早い。産業恐慌は、産業資本主義が成立した一九世紀に入って金融恐慌を伴いながら発生した。それに対して、ヨーロッパの金融恐慌は、すでに信用経済が発達した一六世紀から断続的に起こっていた。

マルクス経済学によれば、産業資本主義においては、生産が金融や流通に対して優位に立つことから、恐慌の中核をなすのは産業恐慌である。金融恐慌は、産業恐慌を強化ないしは深化させつつも産業恐慌の付随的な要因にすぎない。「貨幣恐慌を経済恐慌（産業恐慌）と緊密に結びつけ、貨幣恐慌を経済恐慌の一つのモメントとして分析すること、――これが問題に対する唯一の正しい扱い方である。このことは、もちろん、生産が流通にたいし優位する、流通の分野は二次的なものであるというマルクス主義の根本命題からでてくる」（Trakhtenberg, 1939＝1967: 2）。

こうした認識はマルクス経済学に限ったことではない。二〇世紀末に恐慌の消滅を主張したニュー・エコノミー論の根拠も、情報技術の発達によって消費動向に即応したフレキシブルな生産体制が確立され、それによって過剰生産が回避されるという点に置かれていた。しかし、そうした主張を裏切る出来事が二〇〇八年に起こったのは、世界的金融危機の本質が産業恐慌ではなく、金融恐慌にあったからである。

産業恐慌とは

このことを確認するために、もう一度マルクスの議論に立ち返ってみよう。『資本論』は未完の著作であるため、マルクスは恐慌に関して体系的な叙述を残してはいないが、産業恐慌が発生する理由についていくつかの説明を行った。

まず「供給はそれ自身の需要を創造する」というJ・B・セーの法則を批判し、需要と供給が一致しない可能性を指摘した。生産された商品が売れない可能性をもつことは一見自明にみえるが、セーの法則を前提にした古典派経済学では、価格変動をつうじた需要と供給の一致が想定されていたので、需要と供給の不一致によって引き起こされる恐慌の可能性は原理的に排除されていた。これに対して、マルクスは、供給と需要が一致せず、商品から貨幣の転化が「商品の命がけの飛躍」であることを見抜いた。この「命がけの飛躍」に失敗し、生産と消費の循環が継続不可能な状態に陥ったとき、産業恐慌が発生するのである。そうした条件として次のようなケースが考えられている。

第一に、産業資本における価値増殖には、労働時間を延長することによって利潤率を高める「絶対的価値増殖」と、機械の導入等によって生産コストが低下し、その結果としてもたらされる「相対的価値増殖」という二つの方法があるが、「相対的な価値増殖」の追求は、最終的には利潤率の低下を引き起こす。

マルクスによれば、総資本は、労働者に対して賃金として支払われる「可変資本」と、機械のような生産手段に投下される「不変資本」からなる。利潤率は、可変資本と不変資本をあわせた総資本に対する剰余価値の割合として示される。すなわち、利潤率p'＝剰余価値m／総資本（可変資本＋不変資本）Cとなる。相対的価値増殖は、機械を導入するなど、総資本に対する不変資本の割合を増大させ、「資本の有機的構成の高度化」をはかることによって実現される。資本家は、他の資本家に先駆けて機械を導入し、より低いコストで商品を生産すれば、平均的な利潤率を上回る利潤（特別剰余価値）をあげられる。

しかし、機械の社会的普及によってそのようなメリットが失われると、反対に利潤率を低下させる負の効果が現れてくる。というのも、マルクスの理解では、剰余価値を生み出すのは可変資本（生きた労働）であり、不変資本（死んだ労働）は価値を移転させるだけだからである。可変資本が価値の移転によって剰余価値を生み出す比率が一定であるとすれば、総資本のなかで可変資本の占める割合が低下するにつれて、可変資本から生み出される剰余価値が総資本に対して占める割合も低下する。つまり、資本の有機的構成の高度化に伴って利潤率が低下するのである。これが、恐慌の発生要因としての「利潤率の低下傾向法則」である。

第二に、資本の有機的構成が高度化すると、利潤率が低下するだけでなく、「過剰労働人口」

が発生する。総資本のなかで不変資本の割合が高くなると、企業内での可変資本の蓄積は、不変資本の蓄積ほどには進まない。つまり、雇用労働の増加が抑えられる。生産過程に吸収できなかった人口は「産業予備軍」として社会に蓄積されるが、産業予備軍の形成は失業者を生むだけでなく、雇用労働者の賃金を引き下げる効果をもつ。こうして人々の購買力が低下する。購買力の低下によって「過少消費」が起き、それが過剰生産を招くことになる。

そして第三に、生産部門には、鉄道建設のような「生産財部門」と日常的な消費財を扱う「消費財部門」があるが、この部門間の不均衡から恐慌が起こる。生産と資本の減価償却は、前者の部門が長期にわたるのに対して、後者の部門は短期間で済むため、需給の調整に時間的なズレが生ずる。需要を見込んで生産を拡大した後に需要が落ち込んでも、消費財部門は比較的に速やかに対応できるが、生産財部門はそうはいかない。生産財部門は過剰生産に陥り、その影響が関連産業から経済全体へと波及していくことになる。

産業恐慌の発生には、このような複数の道筋が考えられているが、いずれにしても恐慌は、過剰生産もしくは過少消費として現れる。資本家（企業）にとっては利潤率の低下、労働者（消費者）においては購買力の低下が需要と供給の不均衡を生みだす。そして、産業分野では生産財部門と消費財部門の不均衡が起こり、そのことが価値増殖の継続的な続行を困難にする。こうした事態に対する暴力的な解決として発生するのが産業恐慌である。

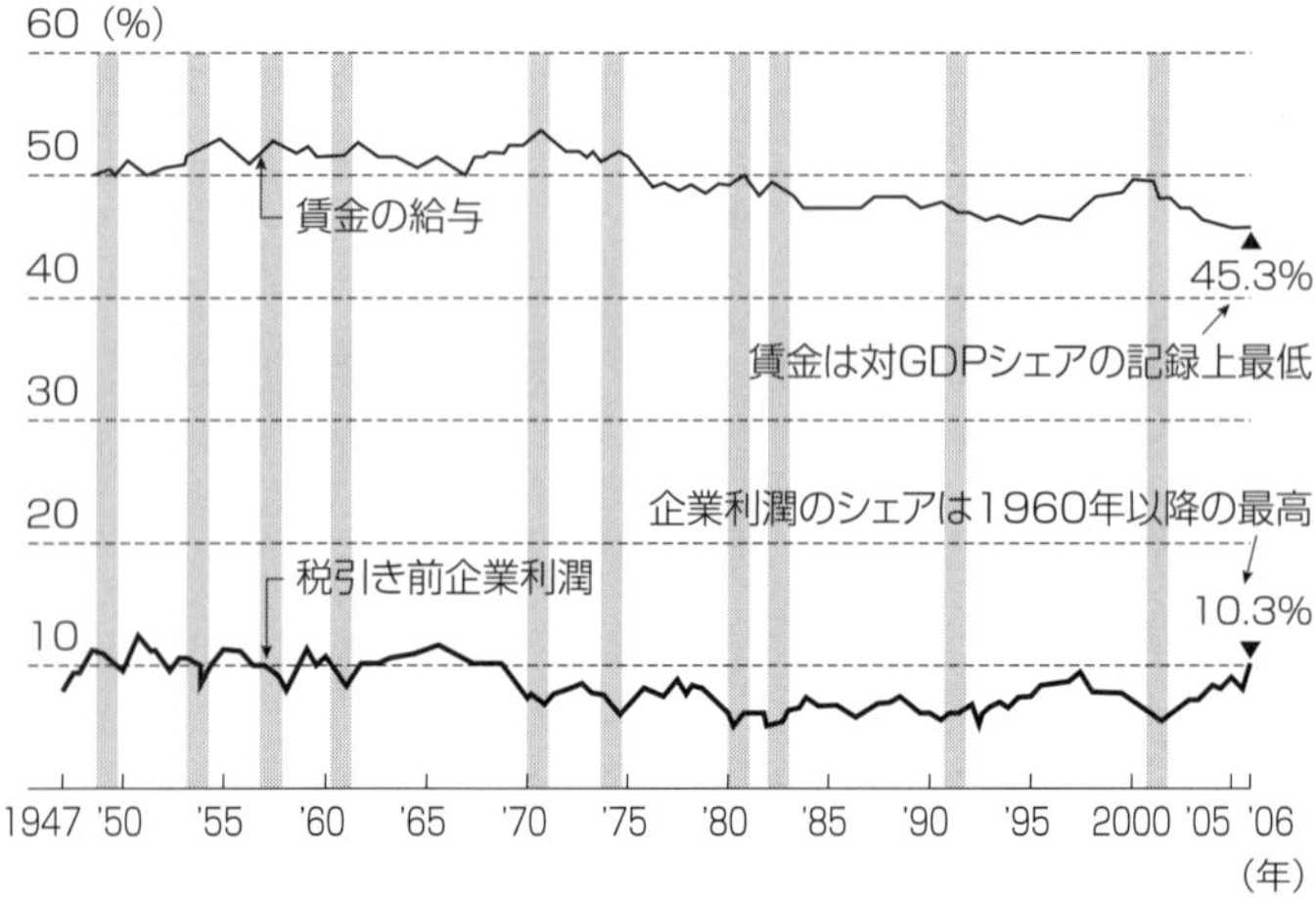

図3　アメリカの賃金・給与と利潤とのGDPシェア
（1947〜2006年，四半期別）

（注）　▒ の時期は景気後退局面。
（出所）　伊藤，2009, p. 122。元資料は，*The New York Times*，2006年8月28日付。

金融資本主義の危機

以上のことを念頭に置きながら、世界的金融危機の震源地となった米国の経済状況を見てみよう（伊藤、二〇〇九）。

図3にあるように、世界的金融危機の引き金となったサブプライム問題が顕在化した二〇〇七年の直前には、GDPに対する企業利潤のシェアは一九六〇年代以降で最高値を示していた。企業は高い利潤をあげており、利潤率低下説では危機を説明することができない。一方、GDPに対する労働者の賃金のシェアは、記録がとられた一九四七年以降最低で、賃金低下による過少消費説が一見あてはまるように見える。しかし、

当時の米国は世界最大の消費国であった。世界の余剰資金が米国に流入し、世界中の生産物が大量に消費されていた。つまり、どちらの説もあてはまらないのである。

では、賃金シェアの低下にもかかわらず過剰な消費が営まれたのはどうしてなのか。それは、二〇世紀後半以降に発達した信用経済のもとで借金消費が可能になったからである。信用経済の膨張を導いたメカニズムについては第5章で論ずるが、信用経済のもとで借金に依存しながら消費生活が営まれた。二〇〇八年の世界的金融危機は、そうした借金消費を支え、バブル化した信用経済が崩壊した結果であった。今回の経済危機が金融恐慌的な様相を帯びていたのは、それだけ金融の力が強まったことを意味している。

貨幣の自律的な価値増殖が支配的になった資本主義を「金融資本主義」と呼ぶならば、新自由主義的改革は、金融の規制緩和をつうじて産業資本主義から金融資本主義への移行を促進したのである。

3　市場原理主義

産業資本主義から金融資本主義への移行は経済システムの内部変化を意味するが、新自由主義的改革がもたらしたのはそれだけではない。金融以外の社会領域でも規制緩和と民営化が進んだことによって、経済システムと他の機能システムの関係が変化してきた。民営化には、S・ボールとD・ヨーデル（Ball and Youdell, 2008＝2009）の言葉を借りるならば、民間企業が経済以外の社会領域に進出する「外からの民営化」と、非経済的な社会領域において市場原理や企業形式が取り入れられる「内からの民営化」がある。「規制緩和」「外からの民営化」「内からの民営化」は、これから述べるように、機能システム間の変化をもたらしているが、いずれの場合にも、経済システムの原理が経済以外の領域にまで浸透し、他の機能システムの作動に対して統制的な影響を及ぼしている。

金融以外の規制緩和

近代社会が機能分化した社会であるとはいえ、組織の内部では、機能システムの種類を問わず、多様な機能が営まれている。たとえば、経済システムに属し、生産活動を第一次的機能としている企業も、その内部では経済以外の機能を営んでいる。組織としての集合的意思決定を行うことは政治機能、社員を育成することは教育機能、社風を創り上げることは文化機能に相当する。どのような組織も、多様な機能を包含した「ミクロ社会」になっているが、機能システム間の変化は、こうした組織内における機能遂行の変化と結びついている。

経済の領域では、金融市場とならんで労働市場でも規制緩和が行われ、労働市場の流動化が進んだ。これまで大企業は、日本・欧米を問わず、長期雇用が一般的であった。企業は大量の労働力を確保し、社員教育をつうじて人材を育成してきた。人的資源に限らず、資源を自前で調達し、資源の内部留保をはかることが一般的傾向であった。官庁・企業・軍隊・大学・病院を問わず、大規模な組織が二〇世紀において官僚制組織という形態をとったのは、意思決定の階層化と厳格な規則が組織の大規模化と統一化という二つの相反的な条件を両立させたからである。

ところが、一九八〇年代以降、新自由主義的改革と情報化が進展するなかで、企業の組織形態は官僚制組織からネットワーク組織へと移行してきた。ネットワーク組織というのは、組織内関係と組織間関係がいずれもネットワークとして編成された組織である。官僚制組織と比較すると、ネットワーク組織は、よりフラットで流動的な関係によって構成されている。官僚制組織からネットワーク組織への移行は、必要な資源をすべて自前で調達する「内部留保」から、必要な資源をその都度外部から取り入れる「外部調達」への変化に対応している。

これまで資源の内部留保が一般的であったのは、資源の外部調達よりも内部留保のほうがコストを低く抑えられたからである。R・コースが指摘したように、資源をその都度外部から取り入れるためには、取引コスト、すなわち必要な資源を探索し、契約を交すためのコストを負担しなければならない（Coase, 1988＝1992）。しかし、情報化の進展によって、取引コストが大幅に削減されたことによって、外部調達が容易になった。情報技術を利用すれば、必要な資源をすべて組織の内部に抱え込まなくとも、必要に応じて資源を外部から調達することが可能になったのである。

そして、資源の外部調達を制度的に保証したのが規制緩和であり、労働市場の規制緩和によって派遣労働が大幅に増大した。企業は長期雇用と社員教育を行う代わりに、即戦力となる人材をその都度外部から雇い入れる方向へと転換した。組織内関係とともに組織間関係がネットワークとして編成されたのは、資源の外部調達が組織間の流動的な関係のなかで行われるようになったからである。

企業という経済組織の内部でも非経済的機能が営まれているが、組織内の社会的機能が外部調達された場合には、機能システム間の関係が変化しうる。たとえば、多国籍企業の本社機能が集中している世界都市やシリコンバレーのような産業クラスターにその典型的なケースを見ることができる。

多国籍企業は、国境を越えたネットワークを張り巡らせているが、「世界都市」と呼ばれる特定の都市に拠点を置いている。そこでは、多国籍企業の本社機能が集中しているだけでなく、金融・会計・法律・広報・プログラミング・情報通信といった、多国籍企業の本社機能に関連する多数のサービス専門組織が集積されている。こうした世界都市にみられる産業集積も、複雑化した本社機能が専門のサービス組織に外部委託されたことに起因している。多国籍企業は、専門的なサービス組織とネットワーク関係を取り結ぶことによって、本社機能を構成する諸機能を専門的なサービス組織から外部調達しているのである（Sassen, 1996＝1999）。

また、シリコンバレーのようなハイテク産業地域でも多数のハイテク企業が集中しているだけでなく、広範な組織間ネットワークが形成されている。そこには、多数の起業家を輩出したスタンフォード大学を核にして、法律事務所、コンサルタント会社、ＰＲ会社、エレクトロニクス製品販売会社等の専門的なサービス組織がネットワークに加わっている。

多国籍企業やハイテク企業のように、組織の内部機能が複雑化・高度化してくると、各機能を専門的に営む外部組織に依存せざるをえなくなる。こうした企業の外部委託・外部調達の進行は、外部組織に対する企業の依存が強まると同時に、企業による外部組織の包摂が進むことを意味している。企業を中核とし、非企業的組織をも包摂した組織間ネットワークは「超企業」と呼ばれている。

シリコンバレーでは、ネットワークをつうじて企業と企業の境界、企業と非経済組織の境界が曖昧になり、シリコン・バレーという地域全体が一個の「超企業」と化している。シリコンバレーに関する詳細な研究を行ったA・サクセニアンは次のように語っている。「どこまでがサンでどこからがワイテクやサイプレスなのか、はっきり指摘するのはむずかしく、無意味なことでもあった。むしろ、サンのワークステーションは、専門企業のネットワークによって遂行された一連のプロジェクトの産物だというほうが適当な表現だ」(Saxenian, 1994＝1995: 249)。

こうして組織間ネットワークが機能システムの境界を跨ぐかたちで形成されると、この変化は、機能システム間の関係変化に波及することになる。

外からの民営化

民営化には二つのケースが含まれるが、これまで非経済組織が担ってきた機能を民間企業に肩代わりさせるのが「外からの民営化」である。このような民営化は、政治・教育・福祉・医療など、さまざまな社会領域で進行しているが、ここではその代表例として安全保障分野の民営化を取り上げよう。

近代社会において、国家の安全保障は国家の専権領域に属していた。戦争が国家間の戦争として遂行されてきたのは、近代国家が物理的暴力を独占し、常備軍を組織化したからである。近代国家が姿を現し始める一七世紀中葉から国家による常備軍の形成が進んだ。「国家による物理的暴力の独占」は、「国境の画定」「中央集権的な統治機構の確立」「国民主権の樹立」とならんで、近代国家を特徴づける重要なメルクマールである。しかし一九八〇年代以降、安全保障分野にも新自由主義的改革の波が押し寄せ、国家の軍事活動も軍事請負会社に委託されるようになった(Singer, 2003＝2004)。今では、軍事請負会社の活動は、日本のような例外的地域を除いて世界中に広がっている。

こうした軍事活動の民営化は、政治システムと経済システムの関係に少なからぬ影響を及ぼしている。国家安全保障という国家の目的と、利潤追求という軍事請負会社の目的が乖離しうる以上、国家の軍事的な意思決定過程に企業の論理が入り込むと、政治システムの内的な自律性が損なわれる恐れがある。

代議制民主主義を制度化した近代の政治システムは、権力が循環する閉鎖的回路をつうじて内的な自律性を維持してきた。代議制民主主義のもとでは国民が主権者である以上、国家の意思決定は、最終的には国民の判断に委ねられている。政治システムは、経済システムと構造的にカップリングしているとはいえ、相対的な自律性を保持している。国民の意思は、支持する政党や政治家を選ぶことによって国家の意思決定に反映される。権力は民衆（国民）・政治機関（政治家）・行政機関（官僚）の間を循環し、この閉鎖性を維持しうる限りで、政治システムは他の機能システムから分化している。

ところが、国家の軍事活動が軍事請負会社に担われると、国家は軍事活動において自らの意思を貫徹することができなくなる。こうした危険性を見抜いていたのが、国家が傭兵を雇って戦争をしていた時代に活躍したN・マキャベリであった（Machiavelli, 1900＝2001）。『君主論』のなかでマキャベリは、傭兵隊長が軍事行動に長けていると、雇い主である君主を出し抜いて自らの勢力を拡大する傾向があることを指摘した。このような統制喪失の危険性は、傭兵の現代版である軍事請負会社にもあてはまる。国家的戦争に参加している軍事請負会社がいったん撤退を決めれば、法的には従業員を戦場に留めることはできないし、逆にまた、軍事請負会社が企業利益を優先して国家的戦争を煽る可能性もある。

そうなれば、国家によって行われるはずの政治的意思決定が政治システムの外部で行われたことになり、代議制民主主義の空洞化が起こる。権力循環の外部で、しかも企業的論理のもとで政治的な意思決定が下されれば、政治システムの機能的な自律性は揺らいでしまう。このとき、政治システムと経済システムの関係は、もはや構造的カップリングと呼べるような外的結合ではない。

政治領域だけでなく、民間企業への外部委託が進んだ社会領域では、これと同様な変化が起こっている。企業が経済システムに属する理由は、社会のなかで生産という経済的機能を担うとともに、組織内において自己の活動を金銭的収益の観点から評価し、効率性の原理に基づいて利潤を追求する点、すなわち二重の意味での経済的論理に従っている点にある。安全保障・教育・福祉・医療など、経済以外の領域に進出した企業も、非経済的機能を遂行するとはいえ、企業である以上、自己の活動の評価基準を金銭的収益・利潤追求に置いている。それぞれの機能システムは固有の評価基準をもっているが、企業への外部委託が進むと、経済システムの評価基準が他の機能システムの評価基準に優越したり、機能システムの働きに統制的影響を及ぼしたりする。こうしてシステム間の関係が変化する。

内からの民営化

新自由主義が市場原理主義と呼ばれる所以は、新自由主義的改革が経済システムだけでなく、他の機能システムにも市場原理を浸透させようとしている点にある。このような新自由主義の企ての背後にあるのは、企業が自らの活動を金銭的収益の観点から評価し、効率性の原理に基づいて利潤を追求するという企業的形式（組織内）と、生産者間の競争を伴いながら生産者と消費者を選択的に結びつける市場的関係（組織外）が、最良の結果を生み出すという認識である。この考え方を敷衍すると、経済以外の領域でも企業と市場に準ずる関係を創り出せば、システムの最適化がはかられることになる。つまり、民間企業に委託せずとも、企業的形式や市場的関係を創出すれば、その機能システムは経済システムのように作動するわけである。これが「内からの民営化」である。

「内からの民営化」の代表的な事例として、新公共管理の導入と疑似市場の形成が挙げられる。新公共管理というのは、一九九〇年代に入って世界的に広まった、新しい行政管理の手法である。民間企業の経営理念や経営手法を公的組織に導入することによって、行政部門の効率化をめざしている。具体的には、①業績や成果に基づいて組織内を統制する「成果主義」、②民間企業への外部委託を含む「市場メカニズムの活用」、③外部の主体を顧客とみなす「顧客主義」、④行政組織をフレキシブル化する「ヒエラルヒーの簡素化」が含まれる（大住、一九九九）。
①②③④のなかで、「外からの民営化」を意味する②を除くと、残りは「内からの民営化」に相当する。公的組織には政府、自治体、学校などさまざまな組織があるが、いずれの場合にも、外部の主体を顧客とみなし、安価で良質なサービスを効率的に提供することが組織目標となる。そのため、組織のヒエラルヒーを簡素化し、組織内競争を生み出すとともに、組織構成員の活動を業績によって評価する。しかもその際、組織の機能的評価は、経済効果に結びつけて評価され

る。組織の第一次的機能は、政府や自治体であれば政治機能、学校であれば教育機能というように、機能システムのあり方に応じて異なるが、そうした機能的成果が貨幣的な尺度のもとで評価されるのである。

企業が経済以外の諸機能を営んでいるのとは裏腹に、非経済的組織もその内部では第二次的機能として経済的機能を営んでいる。必要な資源を購入し、必要な資金を調達しなければならない。非経済的組織も、収支のバランスをとるという経済的営みに支えられながら固有の第一次的機能を担いうる。福祉国家が有効に機能していた段階では、非経済的組織は、福祉国家という大きな政府を後ろ盾にして経済的機能を充足してきた。ところが一九八〇年代以降、福祉国家が行き詰まると、政府はもとより、自治体や学校といった公的組織も厳しい財政状況に陥った。国からの財政的支援をあてにできなくなったことで、財政規律を守ることがこれまで以上に求められるようになったのである。こうして、非経済的組織も企業に近い環境的条件に置かれ、自らの活動成果を経済的コストの観点から評価することを余儀なくされた。こうして、それぞれ企業の外部と内部に対する統制的基準であった顧客主義と成果主義が非企業的組織にも浸透するようになった。

新公共管理の導入によって非経済組織の企業化が進んだ結果、非経済組織においても、企業に類似した変化が起こっている。多国籍企業は本社機能の中核的な部分を残して外部委託を推し進めたが、自治体も自らの果たす役割を経営戦略本部機能に特化して、他の周辺的機能を企業やNPOのような主体に外部委託しつつある（二宮、二〇〇五）。自治体を中核とした組織間ネットワークが公共サービスの提供主体になろうとしているのである。

「内からの民営化」のもう一つの事例が疑似市場の形成である。疑似市場というのは、「準市場」とも呼ばれるように、経済システムを形作っている市場システムと完全に同一ではないが、それに準ずるシステムのことである。市場システムの特徴は、独占的・寡占的でない限り、生産者間に競争が働き、消費者が生産者の提供する財やサービスを自由に選択できる点にある。このような競争と選択のメカニズムをつうじて経済システムの最適化がはかられる。公共サービスを提供する過程でも、競争と選択のメカニズムを働かせれば、民間企業が参入しなくとも、市場システムに類似したシステムを構築することができる。このようなシステムが疑似市場である。

教育・医療・コミュニティ・ケアという公的サービスを提供する領域では、これまで政府が財政を支出するだけでなく、サービスを提供する主体でもあったが、疑似市場では、財政の支出とサービスの提供が切り離され、政府の役割はサービス需要者に対する資金提供に限定される。サービスを提供するのは、政府以外の公的組織、非営利組織、ボランタリー組織、そして企業である。

疑似市場の形成にはさまざまな方法があるが、その一つがバウチャーの導入である。バウチャーは貨幣の一種であり、用途が限定された支払い手段（購入券）である。バウチャーを導入すると、政府からバウチャーを支給されたサービスの需要者は、サービスの提供者を自由に選ぶことができる。サービスの提供者は需要者の獲得をめざして競争するようになる。こうして公的領域でも、提供者と需要者の間に市場的な関係を形成することが可能になる。

ただし、疑似市場と市場の間にはいくつかの相違点がある。まず第一に、バウチャーには、通常の貨幣に内在する価格調整的機能が欠落している。競争的市場では、価格が上昇しすぎると、需要が抑制されて価格が下落し、逆に価格が下落しすぎると、供給が抑制されて価格が上昇する。このような価格変動をつうじて需要と供給の均衡がはかられる。ところが、疑似市場では、バウチャーの価格が固定されているために、価格変動による調整的機能は働かない。

第二に、疑似市場では、そのかわり第三者によって需給間の調整が働くことがある。たとえば、福祉の領域では、サービスの需要者＝消費者が必要なサービスの内容を決定することができないので、ケースマネージャーやＧＰ（家庭医）といった第三者が必要な需要を決定し、その効果をモニターする（駒村、二〇〇四）。

このような違いはあるが、疑似市場においても、市場経済の本質的要素である選択と競争が働く。疑似市場論者のＪ・ルグランは、疑似市場が質の高い公的サービスを①効率的、②公平に、③応答的な仕方で提供するモデルであるとしたうえで次のように述べている。「通常は民間市場に当てはめられるアダム・スミスの有名な隠喩を借りるならば、政府は公共サービスを提供するというその目標を達成するために選択と競争という『見えざる手』を使うことができる」（Le Grand, 2007＝2010: 35）。

公的組織や非経済組織の間でも競争が実現される以上、ルグランの言うように、「公共サービスに競争や準市場を導入することはいわゆる民営化と混同されてはならない」（同訳書：三八）。疑似市場の形成は、たしかに「外からの民営化」ではない。しかし、新公共管理の導入が非経済組織の企業化を意味するとすれば、疑似市場の形成は非市場的関係の市場化を意味している。どちらも、経済システムの内部で作用している原理を非経済システムの内部で創出することによって非経済システムを経済システムのように作動させるのである。これが「内からの民営化」である。

いずれの民営化であれ、民営化によって、経済システムの作動原理、すなわち最小の費用をもって最大の収益をあげる「効率性の原理」が非経済システムの内部にも浸透する。費用対効果を計算する際、効果は公的サービスの内容に応じて異なるにもかかわらず、費用を負担する際に経済的コストを抑えることが強く求められる。経済システムの作動原理が非経済的システムに属する専門組織の第一次的機能に対する統制的な要因として作用するのである。「外からの民営化」と「内からの民営化」は相対立するものではなく、むしろ相乗的に作用している。経済システムと非経済システムの作動形式が接近するだけでなく、組織内の機能遂行の変化が組織間の関係変化を惹き起こすことになる。

このような変化は、機能システム間の構造的カップリングの強化ではない。機能分化が確立された段階でも、機能システム間には構造的カップリングが成立しているが、構造的カップリングは、各システムの内部的な自律性を損なうことなく他の機能システムと接合する結合様式であった。たとえば、租税によって政治システムと経済システムが構造的にカップリングする際、国家は市場から一定の影響を受けるとはいえ、国家予算の編成・執行に関して自律的な決定を下すことができる。ところが、目下進行している機能システム間の変化は、構造的カップリング以上の内的な結合を生み出している。経済システムと非経済システムそれぞれの内部と外部が浸透しあうことによって機能分化の変容が進んでいるのである。

貨幣への問い

以上のように、新自由主義的改革は、近代資本主義に内在する二つの側面――①生産を介して利潤を追求する「産業資本主義」、②他の機能システムから相対的に自律した「経済システム」――に変化をもたらしている。生産に対する金融の優位は、産業資本主義から金融資本主義への移行を意味し、市場原理を経済以外の機能システムにまで拡張する市場原理主義は、機能システム間の関係の変容を示唆している。

では、これらの変化はバラバラに進行しているのだろうか。恐らくそうではあるまい。二つの変化のいずれにもかかわっているのが貨幣である。金融市場というのは、貨幣が商品交換の媒体となるだけでなく、貨幣そのものが商品となっている市場である。そして、「内なる民営化」と「外なる民営化」のいずれにせよ、経済以外の領域で市場的な競争原理を働かせるための装置として機能しているのが貨幣である。ただしその際、貨幣自身にも一定の変容が生じていることに留意しなければならない。

これまで貨幣に関する議論が最も蓄積されてきた分野は経済学であるが、意外なことに経済学においてでさえ、貨幣は、一部の理論を除いて重視されてこなかった。というのも、経済学のなかで貨幣の基本的機能は交換手段であると考えられてきたからである。

たとえば、新古典派経済学では、物々交換と貨幣取引を比較して貨幣の役割は次のように説明されてきた。すなわち、物々交換を行うためには、お互いに相手のもっている財が自らの欲する財と一致しなければならない。今、個人Aと個人Bがそれぞれ財aと財bをもっているならば、個人Aは個人Bの保有している財bを、個人Bは個人Aの保有している財aを欲するという二つの条件が同時に充足されなければならない。

ところが、貨幣的取引の場合にはその必要はない。貨幣を保有している個人Bが個人Aの財aを欲するならば、両者の間に交換が成立しうる。貨幣を取得した個人Aは、将来、個人Cから必要な財bを手に入れられるからである。貨幣的取引は、物々交換の成立条件である「欲求の二重の一致」を「欲求の一方的一致」に置き換えることによって交換の可能性を高めている。

要するに、物々交換を行おうとすれば、誰が何を保有しているかを、商品所有者が一堂に会して確認するか、膨大な時間をかけて逐次的に確認しなければならないが、貨幣はそうした労力を省くのである。貨幣的取引は、物々交換に要する膨大な時間的・情報的なコストを削減し、効率的な商品交換を実現する。しかし、このことは逆にいえば、貨幣の役割が商品交換の単なる効率化にすぎないことを意味している。

実際、多くの経済学理論は、このような道具的な貨幣観に立脚してきた。W・ジェボンズ、L・ワルラス、C・メンガーに端を発する新古典派経済学だけでなく、アダム・スミス、D・リカード、J・S・ミルら労働価値説に依拠する古典派経済学もその点では変わりない。たとえば、ミルは次のように述べている。「貨幣なるものは、貨幣がなくとも――貨幣を用いた場合ほど迅速簡便にというわけには行かないが――なされうることを、迅速かつ簡便になすための機関である。そして、他の多くの種類の機関と同じように、それは、ただそれに狂いが生じたときにだけ、それ自身の固有な、独自的な影響を及ぼすに過ぎない」(Mill, 1871 = 1960: Vol. 3, p. 112)。

もちろん、経済学においても、貨幣には交換手段以外の機能があることが知られている。たとえば、「供給はそれ自身の需要を創造する」というセー法則に異議を唱えたマルクスは、生産された商品が消費に回されていく貨幣的取引のプロセスが途絶える可能性に着目した。経済状況が悪化すれば、人は貨幣を手放すどころか、将来に備えて貨幣を蓄えようとする。人がそのような行動をとるのは、貨幣が価値の保存に役立つ蓄蔵手段になるからである。そして、貨幣が交換手段や蓄蔵手段になるのは、貨幣が交換価値を表示する価値尺度機能を備えているからである。マルクスにとって、貨幣は「価値尺度・交換手段・蓄蔵手段」という三つの機能を有する存在である。

またケインズも、旧来の経済学(古典派経済学・新古典派経済学)が貨幣を物々交換の不便さを解消する手段とみなし、恐慌の可能性を最初から排除した「中立的な世界」を扱ってきたことを批判した。ケインズによれば、商品価格が下落する状況のなかで、人々が商品や金融資産に代わって貨幣を求めるのは、貨幣が高い「流動性」を備えているからである。時間の経過とともに、商品の価値は失われるし、金融資産の利子率も変化するが、貨幣はどのような種類の財やサービスにも転換できる。ケインズにとって「流動性」こそ貨幣の特質を表現している。そして、ケインズは、『雇用・利子および貨幣の一般理論』（Keynes, 1936＝2008）より六年前に刊行された『貨幣論』（Keynes,〈1930〉1971＝1979）のなかで、貨幣の本源的機能が「計算機能」にあるとした。

マルクスが「価値尺度・交換手段・蓄蔵手段」という用語を用いて解明しようとした現象を、ケインズは「計算機能」「流動性」という概念で説明していた。古典派経済学や新古典派経済学の貨幣観からマルクスやケインズの貨幣観を際立たせているのは、彼らが貨幣の機能を空間的な次元だけでなく時間的な次元のなかで捉えていたということである。

古典派経済学も新古典派経済学も、膨大な商品が一瞬のうちに交換される共時的な体系を想定しており、時間的要素を捨象している。時間的な流れが考慮に入れられる場合でも、その時間は、せいぜい需要と供給の調和に向けて進行する連続的な時間にすぎない。しかし、金融や恐慌のような現象を解き明かすためには、不確実性を孕《はら》んだ時間を理論に組み込む必要がある。

このように経済学の貨幣論には、例外的なケースもあるとはいえ、貨幣を商品交換の効率化手段として捉える見方が支配的であった。その一方で、恐慌のような経済現象を説明する際には、強慾《ごうよく》や群集心理という人間の非合理的な感情が引き合いにだされた。現代資本主義は「強慾資本主義」と呼ばれ、世界的金融危機の原因も人間の強慾にあるとされた。ケインズも注目した群集心理は、金融恐慌を理解するうえで無視できない問題であるが、群集心理を人間の本能的・非合理的な感情に還元するならば、金融恐慌の本質は見えてこない。

つまり、貨幣を商品交換の効率化手段とみなす見方も、群集心理を人間の非合理的な感情に帰着させる見方も、現代資本主義を理解するうえで不適切なのである。これまで見てきたように、現代資本主義においては、経済システムの統治原理である市場原理が経済以外の社会領域にも浸透してきたが、このことは、貨幣が商品市場の交換媒体以上の役割を果たすようになったことを示唆している。現代資本主義の二つの変化を把握するためには、貨幣の新たな機能様式を射程に入れなければならない。

そこで回り道になるが、伝統的な貨幣観から脱却するために、いったん時代を遡り、原始貨幣に立ち返ってみよう。歴史を振り返ってみると、貨幣は、最初から商品交換媒体として誕生したのではなかった。原始貨幣と現代貨幣の間に大きな隔たりがあることはいうまでもないが、原始貨幣の存在とその機能（第3章）、そして原始貨幣から商品交換媒体としての貨幣への移行（第4章）を知ることは、商品交換媒体としての貨幣から現代貨幣への移行を理解するための手掛かりを与えてくれる。

第3章　貨幣の考古学

1　原始貨幣とは

神の精子としての金貨

ここに一枚の絵画がある（図4）。「ダナエ」と題され、一六世紀から一七世紀にかけて活躍した画家ディオニシオ・フィアミンゴによって描かれたものである。

ダナエというのは、ギリシャ神話に登場する人物で、アルゴス王アクリシオスの娘にしてペルセウスの母である。ギリシャ神話のなかでアルゴス王アクリシオスは、「汝は汝の孫に殺害されるだろう」という神託を受け、ダナエを男から遠ざけるために青銅の扉のついた塔に幽閉した。しかし、美しいダナエの姿は最高神ゼウスの目にとまり、ゼウスは自らを黄金の姿に変えてダナエと関係をもった。その子どもとして生まれたのがペルセウスである。

この絵にはゼウスからダナエに向かって金貨が降り注がれている様子が描かれている。ダナエを描いた作品は他にもあり、キリスト教世界にとって重要な意味をもっている。というのも、ダナエに宿ったゼウスの子は、キリスト教世界でいえば、マリアに宿った神の子イエスに相当するからである。この点について、視覚芸術における貨幣について研究してきたM・シェルは次のように述べている。

図４　フィアミンゴの「ダナエ」
1600年頃，国立美術館（ルッカ），Alinari/Art Resource/OADIS。

キリスト教神学者は、古代ギリシアの神によって受精したダナエと、キリスト教の神によって受精したマリアの類似性に注目した。彼らは、黄金によるペルセウスの受胎が、イエスの神秘的な受胎とよく似ていると考えた。レッツのフランツは一五世紀初頭に、「ダナエが黄金の雨によってゼウスの子を身ごもったのであれば、処女マリアが聖霊によって身ごもったり、子を持つことに何の不都合があろう」と述べている。

……パオロ・ヴェロネーゼの作品やディオニシオ・フィアミンゴの「ダナエ」には、神の精子が金貨として描かれている（Shell, 1995 = 2004: 31–34）。


第1章で述べたように、中世から近代にかけてキリスト教は、貨幣に対する欲望を貪欲として断罪し、「貨幣悪魔（money devil）」の観念を創り上げた。それにもかかわらず、キリスト教世界は「ゼウスの物質的精子を、ダナエの財布のような子宮に入っていく金として、すなわち、受胎告知媒介の金として表象」（同訳書：三六）したのである。貨幣がイエスを象徴するというのは不可解な話だが、貨幣とイエスの象徴的な連関を示すものは他にもある。

キリスト教のミサのなかで使用されるパンは「聖餅《ホスチア》」と呼ばれる。聖餅は、イエスを象徴している、というより、イエスの肉体そのものとして解釈されたが、貨幣的な性格を帯びている。聖餅はコインのような形をしているだけでなく、練り小麦粉から聖餅を造る過程は、鋳塊から硬貨を造る方法と技術的に似ている。聖餅は、二枚の聖餅焼型の間で押しつぶされ、硬貨のように印章を刻印されるのである。

聖餅のなかには、キリスト教の組み合わせ文字〈IHS〉をあしらった印章もあるが、〈IHS〉は、〈この徴によりて(In Hoc Signo)〉と解釈される場合には「勝利に満ちた十字架」を表し、〈人類の救世主(Iesus Hominum Salvator)〉と解釈される場合には「銘刻を押された聖餅と交換可能な神、もしくは聖餅が変わりうる神」を表している。聖餅が神に変わることに関しては、それが比喩なのか否かという論争が起こったが、一二一五年のラテラノ公会議で聖餅は人々に食されることによって、文字どおり神の身体に変わるという解釈が採択されたのである。

キリスト教は貨幣に対して排他的な態度をとってきたので、「聖餅が貨幣的なものであるという事実は、多くのキリスト教思想家を動揺させた」(同訳書:一六)。しかし、結論を先取りしていえば、これは決して矛盾ではない。これまで非経済学的な貨幣論は、貨幣と言語の類比的《アナロジカル》な性質について語ってきたが、貨幣は言語だけでなく、イエス・キリストに対しても類比的である。貨幣は、イエス・キリストに比肩しうる同質的な存在であるからこそ敵視されたのである。

では、貨幣とイエス・キリストは、どのような意味で類比的なのだろうか。この問いを導きの糸としながら、原始貨幣について考察してみよう。ここに現代貨幣を解明するための鍵が隠されている。

貨幣と市場の別起源性

既存の貨幣観から脱却するうえで先駆的な役割を果たしたのはポラニーであった。「アリストテレスからカール・マルクスにいたるまで、経済上の専門化や分業の展開は、交易や貨幣や市場の発展と伝統的に同じものだとみなされてきた。これらの諸制度は、経済発展のプロセスにおいて、ひとつことの相異なる側面にすぎないと思われてきたのだ。交易は、市場における財の移動であり、貨幣は、その移動を容易にする交換手段だというのである。しかし、そうした観点は、われわれが現在明らかにしつつある事実に照らしてみると、もはや支持されがたい」(Polanyi, 1977＝2005: 153–154)。

ポラニーによれば、交易・市場・貨幣はそれぞれ別の歴史的起源をもっている。財の移動としての交易には「市場的交易」のほかに「贈与交易」「管理交易または条約交易」がある。贈与交易というのは、クラ交易のように、友好的な相手に対する互酬的関係として行われる交易である。財の双方向的な移動が起こるとはいえ、見返りを期待して交換が行われるわけではない。互酬制の意義は、経済的な意味での相互有利化以上に、社会的連帯を創出することにある。そして、管理交易または条約交易というのは、特許会社のような政治的または半政治的な組織が主体となって行われる交易である。交換される財、交換レート、品質検査、財の交換、貯蔵、保管、それらにかかわる人員管理など、交換に関する一切のものが政府または政府に管理された方法によって組織される。

これに対して、市場的交易というのは、交易と市場という二つの要素が結びついたものである。ここで市場とは、財を確保できる場所、財を交換する人々、慣習や法など、さまざまな制度的諸要素の複合体をなす「交換の状況」を指しているが、貨幣の価格調整機能が働くとは限らない。「場所としての市場」では、特定の時間・場所、そして固定価格のもとで交換が行われる。そうした市場の時空的制約が取り払われ、貨幣による価格調整メカニズムが加わることによって「価格形成市場」が形成される。今では、価格形成市場が交易の支配的な様式となっているが、そうした交易様式は特殊で、しかも比較的新しい形態なのである。

これに類することが貨幣にもいえる。経済学は、交換手段、支払い手段、価値尺度、蓄蔵手段といった貨幣の諸機能をすべて商品交換に結びつけて理解してきた。つまり、貨幣が商品交換を媒介するためには、支払い手段となる必要があり、それには価値尺度として機能しなければならない、そして貨幣は価値尺度となることによって蓄蔵手段にもなるというように。そして、いかなる貨幣も太古の時代からそのような諸機能を担ってきたと考えてきた。

しかし、ポラニーによれば、アルカイックな社会に存在した貨幣は、交換手段・支払い手段・価値尺度・蓄蔵手段としての諸機能を担う「全目的的な貨幣」ではなく、特定の用途に用いられる「限定目的的な貨幣」であった。しかも、原始貨幣は、単に商品交換に関する諸機能をバラバラに遂行していたのではない。原始貨幣が支払い手段や価値尺度として使われるとき、その機能は商品交換とは無関係である。金融取引は「債権／債務」関係として構成されるが、「債権／債務」関係には、社会的・政治的・宗教的な次元が存在する。原始貨幣は、そのような広い意味での「債権／債務」関係を媒介する働きをもっていた。

要するに、交易には市場的交易以外の形態が存在したように、貨幣にも商品交換以外の諸機能が含まれていたのである。価格形成市場は、最初から「市場・貨幣・価格」の複合体として発展してきたのではなく、交易の多様な形態、貨幣の多様な機能のなかから特別の形態・機能が結びつくことによって成立したのである。市場の誕生が比較的新しいのに対して、交易と貨幣は人類の歴史とともに存在してきた。このことは、貨幣が市場よりも社会にとっていっそう根源的な存在であることを示唆している。

では、原始貨幣とはどのような貨幣であったのだろうか。

原始貨幣論

ポラニーは、原始貨幣の本源的性質として計算可能性を挙げた。「支払い手段」「価値尺度」「蓄蔵手段」「交換手段」はいずれも貨幣の計算可能性を基礎にしている。この場合、「支払い」とは、貨幣という計算可能な物を手渡して責務を決済すること、「価値の尺度」とは、対象物に対して量的な価値を付与すること、「蓄蔵」とは、計算可能物を蓄積すること、そして「交換」とは、計算可能物を間接的交換のために使用することを意味する。

ポラニーの説明は、一見すると、貨幣の計算機能から交換機能を説明する従来の貨幣論と大差ないように見えるが、そうではない。原始貨幣による支払いというのは、経済的な意味での支払いではない。支払いは、アルカイック社会のなかでも階層化されていない社会では「花嫁代償、殺人償金、罰金」としての支払い、そして階層化された社会では「賦課金、税金、地代、貢物」としての支払いを指している。つまり、支払い手段によって解除すべき責務とは、「有罪者、穢《けが》れた者、弱者、身分の低い者」等のうえに生じた責務であり、「神、神官、名誉ある者、強者」に対して負う責務なのである。そうした支払い手段に用いられたのが雄牛、羊、銀などであった。

また、貨幣は蓄蔵手段にもなるが、富の蓄蔵も経済的な理由からではなく、宗教的・政治的・社会的な理由から生じている。すなわち、罰金、示談金、税を将来支払うために蓄蔵されるのである。そして、価値尺度としての機能も財の交換だけでなく、財産管理に必要となる。特に、大規模な財産蓄蔵を行う経済では、税の査定や徴集、大所領をもつ家政の予算編成と運営、多種の財を含む合理的会計等は、貨幣の価値尺度機能なくしては不可能であった。

ポラニーの貨幣論は、さまざまなアルカイック社会に登場する貨幣を射程に入れているので、一口に原始貨幣といっても、その機能は社会の形態に応じて異なっている。歴史的には、前階層社会のほうが階層社会よりも先行しているので、階層社会の貨幣機能よりも、前階層社会の貨幣機能のほうがより原始的である。つまり、「賦課金、税金、地代、貢物」よりも「花嫁代償、殺人償金、罰金」の支払いのほうがより原始的な機能といえよう。この点は、原始貨幣に関するP・グリァスンの研究とも符合している。

グリァスンも、貨幣の本源的機能は価値尺度にあるとしたうえで、価値尺度は商品交換のためではなく、殺人を含む他人に加えた損害に対する賠償金の支払いにあるとした（Grierson, 1977）。古代のアングロサクソン、ケルト人、ロシア人の律法には、手足の損失、身体への殴打、口ひげの損失、レイプ、殺人といった危害に対する賠償の仕方が規定されている。そうした身体的危害に対する賠償手段となったのが貨幣である。このような支払い手段としての貨幣がやがて結納金や奴隷売買にも用いられ、さらには商品交換手段としての機能を獲得するに至ったという。

また、ポラニーは、宗教法から刑法、刑法から民法が発展していく法の発展過程に即して原始貨幣の支払いも変化したと考えた。その点からいえば、宗教法と結びついた貨幣が最も原始的であるが、原始貨幣の聖なる性質を解明したのが、ドイツの人類学者B・ラウムであった。

ラウムも、貨幣の本質が計算機能にあり、聖なる意味を担った債務を精算する支払い手段が貨幣の本源的形態であるとした（Laum, 2006）。ラウムは、紀元前八〜七世紀のヘシオドスやホメロス時代のギリシャ社会で行われていた供犠《くぎ》のなかで用いられた貨幣の機能に注目した。供犠というのは、共同体の結束力を高める統合的機能をもった宗教的儀礼であり、族長や神官が管理する聖なる場所で、聖なる時間に執り行われる。基本食糧、武器のための金属、花瓶、女、戦利品、奴隷、家畜などが聖なる供物《くもつ》として神に捧げられるとともに、儀式をとおして共同体の成員に分け与えられる。

ラウムによれば、供犠において神官たちによる供物の品定めに使われたのが、聖なる犠牲獣

「牛」である。「牛」は、その代わりとなる象徴的供物の価値を評価するための計算貨幣、「聖なる貨幣」であった。このような社会では、貨幣を媒介にした市場交換は成立していない。存在するのは、神々の法によって規定された責務と決済であり、神と人の間に成立する交換である。貨幣の価値尺度は商品交換から発生したのではなく、社会の根源的な形式としての供犠のなかにその起源がある。

2 原始貨幣とイエス・キリストの類比性

原始貨幣の機能

ポランニー、グリァスン、ラウムの原始貨幣論を駆け足で追ってみたが、それらの議論をふまえると、原始貨幣について次のことがいえよう。

まず第一に、貨幣の本源的機能は価値を評価する計算機能にあり、交換手段よりも支払い手段のほうがより根源的な機能である。そして、原始貨幣の計算機能は、商品交換のための機能ではなく、神に捧げられる供物の等価性を表現したり、多様な危害に対する損害賠償の程度を評定したりする機能を指している。

負債を決済するための支払いは、商品交換としての返済ではない。アルカイック社会における「負債／返済」は宗教的性質を帯び、「人間と人間」「神と人間」の間に成立する交換形式である。

宗教法が刑法や民法に先立つ法の根源的な形式であるとすれば、貨幣による損害賠償は、危害を負わせた他者に対する負債の返済を意味するだけでなく、神に対する負債の返済でもある。贖《しょく》罪《ざい》は、神が定めた掟を破った罪を償うことであり、神に対する負債の返済という意味合いを含んでいる。贖罪手段（支払い手段）としての原始貨幣は、損害賠償というかたちで「人間と人間」を媒介し、贖罪というかたちで「神と人間」を媒介しているが、この二つの関係を媒介するという点では、供犠のなかで計算貨幣として機能する原始貨幣も同様である。

贖罪

そして、ここに原始貨幣とイエス・キリストの第一の類比性が浮かび上がってくる。なぜなら、イエスこそ人類の罪を一身に背負い、人類の罪を償う存在であったからである。供犠において「聖なる牛」は、犠牲に供された供物の価値を評定する計算手段であったが、イエスも人類の身代わりとして犠牲に供された。聖餐式《せいさんしき》のなかでイエスを意味する聖餅《ホスチア》の原義は「生け贄」であり、原始貨幣、イエス、ホスチアはいずれも贖罪的な存在であった。

ラテン語の「interest」は、中世以降「利子」を指しているが、それ以前には「損害賠償」を意味していた。中世のキリスト教世界では、一六世紀頃から建前上は利子の取得を禁じながらも、実質的にはそれを容認する動きが生じた。こうした社会的変化に対応して、禁止の対象となる徴利は「ウスラ（usura）」という言葉で表現され、「利子」は「interest」で表現されるようになったのである（大黒、二〇〇六）。

貨幣は、今でも民法における唯一の損害賠償手段であるが、近年、貨幣という経済的手段によって非経済的損害を償えるのかという疑問の声があがっている。しかし、歴史的にみれば、貨幣は非経済的損害に対する贖罪手段として登場してきたのであり、商品交換手段としての経済的機能は後から加わったものなのである。「interest」という語は、原始貨幣から商品貨幣への展開の痕跡をとどめているとはいえ、貨幣の歴史的発展は、こうした原始貨幣の働きを忘却の彼方に追いやってしまった。

異質な世界の媒介

第二に、以上のことと関連しているが、原始貨幣は、異質な世界、異質な領域を架橋する媒介的役割を担っている。

商品交換媒体としての貨幣も、二つの異なる使用価値をもった商品の交換を媒介するとはいえ、商品市場という同質性を前提にしている。市場の発展とともに、商品化される対象は多様化したとはいえ、貨幣の媒介的役割は、異なる商品の使用価値を媒介することに限定されている。

一方、原始貨幣は、「聖なる世界／俗なる世界」「神々の世界／人間の世界」「規範的世界／逸脱的世界」といった異質な領域を媒介している。供犠のなかで使用される原始貨幣は、供物の価値評価を行うことによって聖なる世界と俗なる世界、神々の世界と人間の世界を架橋している。

また、暴力の等価物は暴力である以上、贖罪手段としての原始貨幣がなければ、暴力で暴力に報いる「暴力の連鎖」が生まれるが、原始貨幣は、平和と暴力の接点を創り出すことによって規範的世界と逸脱的世界を架橋している。

贖罪以外の機能に関しても同様なことがいえる。アルカイック社会では、一般に集団内の婚姻を禁ずる外婚制が採用されており、婚姻は集団と集団の間で行われた。また、初期のアルカイック社会は平等を基本にしていたが、やがて社会の内部に支配者層と被支配層という階級差が発生した。原始貨幣の用途は、贖罪手段から結納金、税、奴隷売買などへ拡大されたが、結納金、税の徴集、奴隷売買に使われる貨幣は、いずれも異質な社会集団や社会階層を結びつける媒介的役割を担った。

この点でも、原始貨幣はイエス・キリストと類似している。原始貨幣が「神と人間」を媒介することによって「人間と人間」を媒介するように、イエス・キリストも二重の関係を媒介している。聖餅と貨幣の類似性に言及したN・クザーヌスによれば、イエス・キリストは絶対的な媒介者である（Cusanus, 1453＝2001）。神の子であるキリストは万物の結合の媒介であるが、人間の子であるイエスは、キリストに最高の仕方で合一している。イエスによる神と人間の媒介をとおして、神はあらゆる人間を結びつけるのである。


イエスよ、そのあなたを介して、父が全ての人間を引き寄せているのです。それゆえにイエスよ、あなたの人間性が、いわば媒介としての「父なる神の子」に合一されているのであり、この媒介を介して父がそれ〔イエスの人間性〕を引き寄せたのですが、それと同様にして、あらゆる人間の人間性が、イエスよ、いわば唯一の媒介としてのあなたに結合されているのであり、こうして父〔なる神〕が全ての人間を引き寄せているのです（同訳書：一二六。〔 〕は訳者）。

計算可能性——不可視なものの可視化

第三に、原始貨幣が異質な領域を架橋しうるのは、人間にとって計算不能なものを計算可能にし、不可視なものを可視化しているからである。

これまで貨幣の媒介機能に関しては、対象物の間に客観的な等価性があるゆえに対象物の交換が可能であり、貨幣の計算可能性はそうした客観的な等価性を反映したものであると考えられてきた。たとえば、マルクス経済学（の通説的解釈）によれば、貨幣が二つの異なる使用価値をもった商品に共通する価値を価格という近似的な値で表現しうるのは、二つの商品が、ともに人間の社会的・平均的な労働力という実体的な共通性＝通約可能性をもっているからである。

こうした貨幣観からすれば、原始貨幣に対して疑問が湧いてくるのも不思議ではない。実際、グリァスンの原始貨幣論には次のような異論が唱えられている。「通約性の『概念上の困難』は、比較しなければならないものが損傷であれば、むしろより大きくなるであろう。どのような論理的根拠にもとづき、口ひげをそり落とされて失うことが、たとえば『脳がみえ頭蓋骨があらわになるほどの頭部への打撃』と等価とされうるのであろうか」（伊藤／ラパヴィッァス、二〇〇二：五七）。たしかに、物理的にみれば、口ひげの喪失と頭蓋骨の損傷が等価なはずはない。その等価性の根拠を疑う見方は、実体的な共通性を前提にして貨幣の媒介機能を捉えている。しかし、ここで一八〇度、見方を転換してみよう。すなわち、交換物の間に客観的な等価性があるから貨幣による交換が成立するのではなく、逆に、貨幣が介在したことによって交換の等価性が付与されるのであると。

身体的危害に対する客観的な等価物があるとすれば、それは、報復としての身体的危害以外にない。このような等価性は暴力の連鎖を生むだけである。ところが、贖罪手段としての貨幣が誕生したことによって損害賠償がなされ、暴力の連鎖が断ち切られる。こうして、交換の等価性は最初から存在していたのではなく、貨幣の介在をつうじて創出されたのである。その結果として、交換の等価性があたかも客観的に存在していたかのように錯視される。交換の等価性は、貨幣が介在する以前には存在しないか、存在するとしても人間にとって不可視である。貨幣は、そうした計算不可能性を計算可能性に、不可視なものを可視的なものに転換することによって「神と人間」「人間と人間」を媒介しているのである。

だとすれば、原始貨幣は、実体的な共通性を表現する以上の創造的役割を演じていることになる。そして、不可視なものを可視化する働きこそ、イエスに見出されるものでもある。ここで再び、クザーヌスの言葉に耳を傾けてみよう。

クザーヌスによれば、神は無限であり、有限な人間にとって不可視な存在である。しかし、「隠れたる神」（イザヤ四五・一五）は、ただ不可視のままにとどまっているわけではない。人間は、無限の神をあるがままの姿で「観る」ことはできないが、縮減された仕方で「観る」ことはできる。なぜなら、神の絶対的な眼差しは、自らのうちにあらゆる眼差しの様式を包含しているが、その一つ一つの有限な眼差しは、絶対的な眼差しを縮減された仕方で含んでいるからである。あらゆる縮減された眼差しは、神の絶対的な眼差しによって与えられ、神の絶対的な眼差しなしには存在しえない。それゆえ、「あなたを観ることは、あなたを観ている者をあなたが観て下さることに他ならないのです」（Cusanus, 1453 = 2001: 30）。

つまり、神は、縮減された人間の眼差しを介して自らを観るのである。そうした仕方で不可視の神は、人間にとって可視化される。このとき、神の無限の眼差しと人間の有限な眼差しの合一を実現しているのがイエスにほかならない。人間においては、対象を感覚器官をつうじて認識する知覚的能力と言語を使って把握する知性的能力が合一しているが、イエスにおいては、人間の有限な眼差しに神の無限の眼差しが合一している。人間の眼差しは神の眼差しを内包するとはいえ、縮減された眼差しであり、実体すなわち対象の本質を観ることはできない。ところが、イエスは人であると同時に神であることによって、神自身にしか捉えられない不可視の実体を可視化する。不可視のものを可視化するイエスという存在を媒介にして、人間は不可視であるはずの神と対話しうるのである。

3　社会の原初的な成立形式としての供犠

信仰＝信用

原始貨幣とイエスの類似性はそれにとどまらない。第四の類似性は、イエス・キリストと原始貨幣を成り立たせているのが信仰＝信用（信頼）であるという点である。日本語の「信ずる」が「信仰する」と「信用（信頼）する」を意味するように、ドイツ語の「Glaube」も「信仰」と「信用（信頼）」という二つの意味を含んでいる。イエスと原始貨幣はいずれも、不可視なものを可視化する、計算不可能なものを計算可能にすることによって異質な世界を結びつけているが、そうした媒介機能は信用＝信仰に支えられている。この点を明らかにするためには、供犠という宗教的儀礼に目を向ける必要がある。イエスと原始貨幣を供犠のなかに位置づけてみると、両者が類似性をもつ理由も明らかになる。

供犠は「神と人」「人と人」という二重の関係から構成されているが、主に前者の側面に焦点をあてたのがM・モースとH・ユベールの供犠論、そして後者の側面に焦点をあてたのがE・デュルケームの宗教論である。

神と人の関係

まずは、モースとユベールの供犠論からみていこう（Mauss and Hubert, 1899＝1983）。彼らによれば、供犠というのは、神に対する供物を破壊し聖化することによって、儀礼の執行にかかわる主体（祭司、祭主、共同体）の性質を変化させる儀礼である。供犠によって聖なる世界と俗なる世界の間の伝達が可能になる。供物の破壊（「聖化」）と主体の変化（「脱聖化」）は、それぞれ「俗から聖への伝達」と「聖から俗への伝達」を示している。

供犠を理解するうえで肝心なのは、供物であれ、祭司・祭主であれ、供犠を構成する要素のすべてが最初から聖なる性質を十全に備えているわけではないということである。「聖なる牛」のような犠牲獣は、多くの場合、出生の段階で聖化されているとはいえ、犠牲獣の聖なる性質は、聖なる儀礼をとおして与えられる。供犠が、犠牲獣の殺害といった供物の破壊を必要とするのは、供物の破壊が供物の世俗的な存在性に対する否定として働くからである。つまり、供物は、その死によって聖なるものに転換しうるのである。

それゆえ、供物の破壊は世俗的な意味での「死」であると同時に、聖なるものとしての「復活」でもある。犠牲獣の「死は、フェニクス（不死鳥）の死であって、聖なるものとして再生したのである」（同訳書：四二）。本来、世俗的な死をつうじて聖なるものとして再生されなければならないのは祭司や祭主であるが、彼らの完全な死を避けるために、彼らの身代わりとなっているのが犠牲獣である。儀礼の過程で祭司や祭主は、犠牲獣との物理的接触を保つことによって一体化している。そのため、犠牲獣の破壊は贖罪的要素を含んでおり、贖いの観念を含まない供犠は存在しない。牛を犠牲獣としていたアテネでは、供犠の後に祭司が受けなければならない清めの行事は、罪人の贖罪行事に似ていたという。

犠牲獣を殺して聖なる力が解き放たれると（「聖化」）、こんどはその宗教的特質が社会的に利用される（「脱聖化」）。「聖化」の過程では、祭司や祭主の人格の一部が犠牲獣に転移するが、「脱聖化」の過程では、聖なる力が犠牲獣から祭司や祭主に転移する。この伝達を最も完全に実現するのが犠牲獣の消費、すなわち犠牲獣の一部を食べることである。犠牲獣との同化をつうじて、神々の世界の特性は、人間の俗なる世界へ伝達されていくのである。

こうして聖なる世界と俗なる世界は、聖なる力を帯びた犠牲獣によって媒介されるが、犠牲獣が聖なる力を帯びたのは、それが聖なる世界と俗なる世界を媒介したからである。繰り返すが、「犠牲は必ずしもすでに完成した、明確に規定された宗教的な特性をもって供犠に登場するのではないのである。そうした特性を付与するのはむしろ供犠そのものなのである」（同訳書：一〇四）。犠牲獣という媒介物によって「相接触する二つの世界は、相互に独立のものでありながら、相互浸透できる」（同訳書：一〇七）。そうした犠牲獣の聖なる力の根拠は、聖なる世界と俗なる世界を媒介するという形式それ自体にある。

人と人の関係

では、この媒介形式をとおして露わになる聖なる力とはいかなる力なのであろうか。この問いに答えたのがデュルケームである。

宗教の原初形態をトーテミズムに求めたデュルケームは、彼の宗教論のなかで供犠に関する考察を行っているが（Durkheim, 1912＝1975）、彼にとっても、供犠は「奉献の行為」と「コミュニオンの行為」から成り立っている。奉献が神に供物を差し出す行為であるのに対して、コミュニオンは、人々が供物をともに食することによって神と交わる行為である。「コミュニケーション」の語源にもなっているラテン語の「コムニオ communio」は「共有」を意味し、キリスト教では、ミサのなかで聖別されたパン——貨幣に類似したあのホスチア——と葡萄酒を信者がともに食することによって神と一体化することを表している。

デュルケームによれば、トーテミズムにおいても供犠が行われ、儀式のなかで生け贄となったトーテム動物を食することによって、人々は聖なる原理と交わる。破壊された供物の若干は神のために留保されるが、残りは共同体の成員間で消費される。この共同の食事によって共同体の成員間の絆が生まれる。縁者とは本来、同じ肉と血で造られた存在であるが、共通の食物は共通の起源と同じ効果を生む。すなわち、共同の食事をすることによって、そこに参加した人々の間に人工的な親類関係が創造されるのである。宗教を意味するラテン語の「religio」の語源が「再び結合する」ことであったように、宗教の本質は結合力にある。聖なる力とは、「神と人」の結合を介して「人と人」の結合をもたらす力であり、コミュニオンはそうした結合が実現される場なのである。

ただし、ここで留意しなければならないのは、聖なるものが両義的な性質を孕んでいるということである。聖なるものは、崇高であると同時に危険でもある。聖なるものは、儀礼のなかで定められた手続きに従えば、人間にとって好意的に働くが、その手続きを無視して不用意に接触すれば死をもたらす。「浄と不浄」「聖と瀆聖」「神的なものと悪魔的なもの」の対立は「聖と俗」の対立ではなく、聖に秘められた要素間の対立を示している。中世のキリスト教世界は「貨幣悪魔」の観念を生み出したが、悪魔は神に敵対的であるとはいえ、聖なる存在である。

そして、崇高であると同時に危険でもあるという、聖なるものの両義性は、デュルケームの主張を敷衍していえば、一切の分離を排した結合力、すなわち純粋な結合力のもつ両義性に由来している。周知のように、近代以前の社会は「聖／俗」二元論に立脚しており、世界は、聖なる時と俗なる時の交代をつうじて再生産されていた。俗なる時間のなかで営まれる日常生活は、「分業／協業」という、一定の分離を伴う結合関係を基礎にしており、そこでは個人的・功利的な配慮が優先される。

ところが、聖なる時には、日常的秩序が否定され、日常の「分業／協業」も廃棄される。トーテミズムのような原始宗教の場合には、聖と俗の交替は空間的現象として現れ、俗なる時にはバラバラに生活していた部族が聖なる地に結集する。供犠は、聖なる時間、聖なる場所で執り行われ、原初への回帰と新たな再生という社会的機能を担っている。世界が創造された太古の状態への回帰のなかで聖なる力が発現し、その聖なる力をつうじて俗なる世界の再生がはかられるのである。

儀礼のなかで発現する聖なる力は、俗なる秩序を創造する源ではあるが、その結合力は分離を欠いた結合力としてある。デュルケームは、この純粋な結合力が発現する現象を「集合的沸騰」として捉えた。儀礼の際には「集合的および宗教的生活の真の乱痴気騒ぎが生ずる。数週間または数カ月の間、祝祭に祝祭が相ついで、儀礼的生活は、ときとして、一種の狂乱に達する」(同訳書(下):二〇九)。集合的沸騰は、集合的感情という情動的要素に彩られた集合行動であり、人々が日常生活の規範や役割から解放され、集団的な一体化を遂げる過程で現れる。集合的沸騰を生み出しているのは、日常の秩序を創造・再生する力であると同時に破壊する力でもある。したがって、聖なるものの核心にあるのは、集合的沸騰として現れる社会的な結合力、すなわち分離を欠いた結合力にあるといえよう。集合的沸騰は、社会秩序の再建に寄与する反面、無秩序をもたらすという両義性を帯びているが、宗教的儀礼は、集合的沸騰を顕現させる時間と空間を「聖なる時間/聖なる場所」に限定することによって、集合的沸騰に内在する破壊的な作用を抑止したのである。

社会の自己組織化・王権・原始貨幣

供犠という宗教的儀礼は、一言で言えば、聖なる力を借りて社会を成立させる原初的な形式であった。いかなる時代においても、人間の社会は人間の手によって創り上げられてきたが、近代以前においては、社会の統治は、基本的に神のような超越的存在に根拠づけられていた。システム論的な言い方をするならば、社会が自らを創り上げるという「自己組織化」は、社会の普遍的性質を表しているとはいえ、その事実は当事者に対しては覆い隠されてきた。供犠は、そのような仕方で社会を創り出す原初的な形式であった。

供犠のなかで、殺害というかたちで供物が破壊されたのは、供物の世俗的な存在性を否定し、供物に聖なる力を付与するためであった。供物の分有は、聖なる力を共同体に浸透させ、社会的な結合力を高めた。こうして供犠は、世俗の存在である人間が自らの手で社会を創造した痕跡を一切消去しながら、超越的な力によって社会を成立させた。その意味で、供犠は「自己組織性を否定した、社会の自己組織化様式」なのである。

このような社会では、支配者も聖なる力に与ることによって権力を獲得する。王権の起源について研究したJ・G・フレイザーは、王が古代の呪術師から発展し、その役割が呪術から祭司へと変化していったことを明らかにした。王が供犠を執行する祭司的存在であったことを示す事例は、世界各地で確認されている。


歴史時代まで王政の続いたスパルタでは、ふたりの王が最高神ゼウスの血をひくと信じられ、ゼウスの子孫として、彼らは国家の供犠のすべてをてがけ、その際いけにえの分け前にあずかりました。またゼウスをまつる祭司の役を担い、それぞれにラケダイモーン（スパルタ）のゼウスの祭司と、天なるゼウスの祭司とを称していました。……南アフリカのマタベレ族では、王は同時に大祭司でもあって、毎年大小の踊りのとき、また踊りをしめくくる果物収穫祭のときに、供犠を致します。この際、王は父祖の精霊に祈り、かつ同様に自らの精霊にも祈りを捧げます。すなわち、すべての加護はこれらの自らを超えた力からもたらされるものと考えられていたからです（Frazer, 1968 = 1986: 34）。

これらの事例が示すように、アルカイック社会における権力の源は、世俗を超えた聖なる力にある。権力者は、供犠をとおして聖なる力を呼び起こし、聖なる力を付与されることによって権力を獲得する。その意味では、供犠は権力を発生させる原初的な形式でもあった。
供犠という、社会と権力を発生させるこの原初的形式の中枢部分に現れてくるのが、イエスと原始貨幣である。ジンメルは、神と貨幣の形式的・機能的な類似性を指摘したが、もっと正確にいえば、貨幣と形式的・機能的な類似性をもっているのはイエスのほうである。神であると同時に人でもあるイエス・キリストの両義性は、供犠のなかで供物が帯びる二重性、すなわち俗なる世界と聖なる世界に属するという二重性に対応している。供犠のなかで、供物が世俗的な死をとおして聖なるものとして復活したように、イエスも人としての死をとおして神として復活する。そして、キリストの死と復活を記念する聖餐式のなかで信者がイエスの体と血であるパン（ホスチア）と葡萄酒を分かち合うことは、破壊された供物の会食に対応している。

実際、「聖餐（主の晩餐）」式の歴史的起源は、ユダヤ教の会食儀礼とその信仰にあるといわれている（小林、一九九九）。ユダヤ教の聖典である旧約聖書には、神に犠牲を捧げ、会食することによって神との契約関係を確認することが描かれている。また、ユダヤ三大祭の一つである「過越の祭」は「最後の晩餐」の歴史的起源とされているが、そこでは犠牲祭儀とそれに伴う会食儀礼が行われていた。

「最後の晩餐」においても、イエスは弟子たちと別れの食事をし、パンが自分の「体」であり、葡萄酒が自分の「血」であることを伝えた。たとえ一片のパン、一滴の葡萄酒であっても、それはイエスの体＝命を意味している。信者がパンと葡萄酒をともに食することでイエスと一体化し、キリスト教共同体に属することが確認される。「わたしたちが神を賛美する賛美の杯は、キリストの血にあずかることではないか。わたしたちが裂くパンは、キリストの体にあずかることではないか。パンは一つだから、私たちは大勢でも一つの体です。……あなたがたはキリストの体であり、また一人一人はその部分です」（新約聖書「コリントの使徒への手紙一」一〇章一六–七、一二章二七）。

さらに、ユダヤ教の「過越の祭」とキリスト教の聖餐式は、「神と人」「人と人」を結合しているだけでなく、現在を介して過去と未来を架橋している。前者においては出エジプト、後者においてはイエスの死と復活が救済を意味する歴史的体験となっている。二つの儀式はともに、過去の歴史的体験を現在化しつつ、現在を未来の希望へと繋いでいるのである（小林、一九九九）。

ユダヤ＝キリスト教的な伝統が救済という現状変革的な過去の体験を想起することによって未

来に対して現状変革的に志向するのに対して、一般の供犠は過去の反復をつうじて未来に対しても現状維持的に作用する。とはいえ、過去への回帰をとおして未来を創造するという形式はすべての供犠に内在している。キリスト教は、「神の愛」によって人類の統合をめざす普遍主義的な宗教へと発展し、近代文明を生み出す原動力となったが、贖罪的存在を媒介にして「神と人」「人と人」を結合し、現在を介して過去と未来を繋ぐという形式は、供犠に内在する一般的形式なのである。

イエスと原始貨幣は、このような供犠のなかで聖なるものとして「神と人」「人と人」——さらに言えば、「過去と現在」「現在と未来」——を結びつける媒介的役割を担っていた。その際、モースとユベールが指摘したように、媒介項となる供物は、最初から聖なる力を完全に帯びていたのではなく、「神と人」「人と人」を媒介することによって、もしくは媒介する限りで聖なる力を帯びる。聖なる力の本質は、デュルケームが認識したように、純粋な結合力としての集合的沸騰にある。「神と人」「人と人」を結合する媒介項と集合的沸騰との関係は循環的な構成をとらざるえない。すなわち、聖なる媒介物は、儀礼をつうじて集合的沸騰を発現させるが、その媒介的役割に必要な聖なる性質は集合的沸騰をつうじて付与されるのである。

供犠は、自らに必要なものを自ら生みだしている点で自己組織的であるが、その事実は当事者には見えない。媒介物の聖なる性質は、何らかの客観的な根拠に基づいているのではなく、人々がそれを聖なるものとみなす限りにおいて成立する。そして、人々が媒介物を聖なるものと一致して認める営みこそ信仰＝信用にほかならない。キリスト教信者においてイエスが神として信仰されるように、原始貨幣も共同体の成員に信用されることによって媒介項となりうるのである。

以上のように、供犠のなかにイエスと原始貨幣を位置づけてみると、イエスと貨幣の類似性が単なる偶然でないことがわかる。原始貨幣も「神と人」の媒介をつうじて共同体内の「人と人」を媒介する。その際、「神と人」の間には何の同質性も存在しない。原始貨幣が「神と人」「聖なる世界と俗なる世界」「規範的世界と逸脱的世界」を架橋しうるのは、それらの間にあらかじめ同質性が存在するからではなく、原始貨幣が介在することによって、それらが架橋されるのである。

原始貨幣が「神と人」という異質な存在や、「聖なる世界（規範的世界）と俗なる世界（逸脱的世界）」という異質な領域を媒介しうるのは、原始貨幣が「計算不可能なものを計算可能にする」という情報的機能を果たすからであるが、そうした情報的機能を支えているのは、原始貨幣に対する人々の信用＝信仰である。計算不可能なものを計算可能にするためには、通常の論理操作を超える必要がある。多様な質的情報を量的情報に還元する原始貨幣の情報的機能は、最初から計算可能な世界の内部で働くのではなく、計算不可能なもの、不可視なものを対象にしている。本来測りえないものを測ることによって、原始貨幣は価値尺度として機能するのである。

このような原始貨幣の性質が金融恐慌の解明や現代貨幣の理解にどう役立つかは追々説明する

が、以上の考察から、原始貨幣が、①自らに対する人々の信用＝信仰を基礎にして機能すること（貨幣に対する信用＝信仰）、そして②計算不可能なものを計算可能にすることによって、異質な存在や異質な領域を架橋する媒介的な働きをすること（貨幣の媒介性）が明らかになった。

第4章　市場と金融

1 貨幣と市場のカップリング

これまでの考察をふまえると、市場と貨幣が異なる歴史的起源をもつにもかかわらず、この二つがなぜその後の歴史的過程で結びつくのかも明らかになる。ただ、その議論に入る前に原始市場について触れておこう。

原始市場の成立については論者の間で意見が分かれている。マルクスやウェーバーのように、市場が共同体と共同体の間で発生したと考える立場がある一方で、ポラニーのように、共同体の外部に起源をもつ対外市場とともに、共同体の内部に起源をもつ対内市場の存在を認める立場もある。ポラニーは、共同体内市場の事例として都市国家アテネのアゴラ（広場）を挙げた。アゴラは、民会が開催される場所であると同時に、民衆に食糧が提供される場所でもあった。

ただ、J・C・アグニューによれば、古代ギリシャでは、アゴラが商業の中心になる前に、村落と村落、種族と種族、社会と社会の間の境界あるいは中立地帯に萌芽的な市場が存在した（Agnew, 1986＝1995）。ギリシャ内の共同体間で行われた国内交換は沈黙交易のかたちをとり、神聖な境界石かその類似物がある場所で交換が行われた。商業の中心が郊外からアゴラへ移動した後も、市場の境界的性格は消えなかった。商業は、財産権や市民権をもつ市民ではなく、境界人としての在留外国人に限定された。外国商人を指す「メティックス（metics）」という言葉は「媒介者」、また一般的には「変化」を表す語根に由来しているという。

市場を共同体間の境界に置かれた平和的な関係として捉えたウェーバーも、沈黙交易を商業の原始的形態として位置づけた（Weber, 1922）。沈黙交易においては、ある決まった場所で、財の提供者と取得者が（多くの場合）言葉を交わすことなく交換が行われる。提供者と取得者がそれぞれ品物を決まった所に置き、双方が納得して相手の品物を受け取るか、もしくはご破算になるまで比較と調整が繰り返される。沈黙交易が行われたのは、交易を行う部族間の境界地点となる中立的な場所であった。

またＰ・Ｊ・Ｈ・グリァスンも、原始市場と沈黙交易の類似性として、①お互いに話しかけることもなく個人間で行われる取引、すなわち交換としての取引であること、②交換が行われたのは中立地帯たる境界地であり、③超自然力（神）の保護下に置かれていたことを指摘している（Grierson, 1903＝1997）。

以上のことから、共同体内部に起源をもつ市場が存在したかどうかは不確かだが、市場が共同体と共同体の間で誕生したことは間違いない。ポランニーも、共同体の外部に起源をもつ対外市場の存在を認めていた。ここでは、原始市場が沈黙交易のように共同体と共同体の間で発生したという立場に立って議論を進めよう。

共同体と共同体の間で成立した原始市場と共同体の中枢部分に登場した原始貨幣は、対照的な位置を占めているが、それにもかかわらず、二つの共通点を有している。

まず第一に、原始市場が共同体と共同体を結びつけたように、原始貨幣も「聖なる世界と俗なる世界」「規範的世界と逸脱的世界」という異質な世界を結びつけた。原始貨幣と原始市場は、架橋すべき対象や領域が異なっているとはいえ、異質なものを媒介するという点では共通している。

第二に、どちらも宗教的要素を含んでいる。原始貨幣は、聖なる力をつうじて異質な世界を架橋するとともに、そうした媒介的役割をつうじて聖なる力を発現させた。一方、原始市場も超自然力の保護下に置かれていた。市場が開催される境界地は多くの場合、聖なる地でもあった。市場の中立性は、「市場の平和を乱せば必ずや災難や病気や死などのかたちをとってあらわれる宗教的な苦痛を蒙《こうむ》るであろうという彼らの固い信念によっても、確保される」（同訳書：一〇二）。

アグニューによれば、古代ギリシャの原始市場も、魔術的もしくは宗教的な儀式によってその中立性が保証されていた。商業・商人の守護神であるヘルメスは、地上の世界と冥界を行き交う境界的な存在であった。男根状の境界石もしくはヘルメス柱像が古代の取引所を聖なる場所として仕切り、外国人の横領癖から守った。中世のヨーロッパの市場は「市場十字」の近くで開催されたが、中立地帯としての証である境界石は、「市場十字」の先駆的形態であった。つまり、「場所としての市場」は、聖なる日・聖なる場所で開催されたのである。

「場所としての市場」が宗教的要素を含んでいたのは、市場的交換に内包される社会的分裂の可能性を宗教の結合力によって補完する必要があったからである。贈与交易や管理交易と違って、市場的交易には盗みや詐欺の危険性がつきまとっている。そうした危険性を抑止し、取引相手との信頼関係を維持する役目を果たしたのが、再結合としての宗教にほかならない。

原始貨幣と原始市場にはこのような共通点がある一方で、相違点もある。架橋する領域の内実が違っているだけでなく、架橋の仕方も違っていた。原始市場は、各共同体の生産物を物々交換することによって二つの共同体を結びつけたが、原始市場には、商品交換のための媒体が存在しない。これに対して、原始貨幣は、異なる領域を結びつける媒体であり、その媒介機能をつうじて聖なる力を呼び起こす。原始貨幣と原始市場の間にこのような相補的な関係があるために、貨幣と市場のカップリングが起こることになる。こうして、貨幣を交換媒体にした商品市場が形成されたのである。

以下では、この変化を「商品市場がいつ、どのように形成されたのか」という歴史的問題としてではなく、「貨幣を組み込んだ商品市場とはどのような市場なのか」という構造的問題として検討してみよう。前章では、原始貨幣の特性が①貨幣に対する信用＝信仰と②貨幣の媒介性にあることを確認したが、この二つの性質において何が変化し、何が継承されたのかを考察してみよう。

2 原始貨幣から貨幣へ

貨幣の第一水準――貨幣の媒介性

商品市場のなかで機能する貨幣は、もはや聖なる世界と俗なる世界を架橋する媒体ではない。原始貨幣とちがって、貨幣は商品世界のなかで機能している。とはいえ、「不可視なものを可視化する」「計算不可能なものを計算可能にする」ことによって「異質なものを架橋する」という原始貨幣の媒介的性質が消えたわけではない。

原始貨幣が「神と人」の関係を介して「人と人」の関係を取り結ぶとき、神は世界という全体性を体現している。供犠において共同体の構成員が結合しうるのは、神のもとで世界が共同体の構成員に分有されるからである。一片のパンがイエスの体＝命を意味するように、供犠には、部分が全体を表す象徴化の論理が働いている。神との関係をもつことは、共同体のなかで成り立っている世界を構成員の間で分有することを意味している。この分有をつうじて、世界という全体が共同体の構成員という各部分に包含される。原始貨幣は、こうした「全体と部分の入れ子」の関係をつうじて構成員の間に社会的絆を創り出している。

世界を商品世界という特殊な世界に限定するならば、「全体と部分の入れ子」関係は、商品市場にもあてはまる。限定された世界であるとはいえ、商品世界は膨大な多様性に充ちており、誰にとっても見通しのきかない世界として立ち現れる。膨大な商品が集積された世界全体を一望できる人間はいない。しかし、商品世界に貨幣が登場すると、価格という数量的情報によって、商品世界に内在する膨大な情報が圧縮される。貨幣が表示する価格は、誰が何を生産・消費したかという人格的情報を捨象する代わりに、商品の供給と需要に関する非人格的情報を集約的に表現する。そして、価格の上昇（低下）は、供給（需要）に対して需要（供給）が高まっていることを示すシグナルとして作用する。貨幣が設定する価格は、人間にとって計算不可能な状況を計算可能にしている。こうして、貨幣は、不可視な商品世界を可視化するのである。

近代経済学は、貨幣が誕生した理由を、物々交換に内在する「欲求の二重の一致」が貨幣によって「欲求の一方的な一致」に置き換えられる点に求めたが、貨幣の役割は、交換を未来に引き延ばしただけではない。貨幣は、価格という数量的情報によって商品世界の全体性を縮減しながら表現している。そうした商品世界の可視化をつうじて交換の可能性を高めているのである。

クザーヌスの考えでは、人間にとって不可視の神が可視化されるのは、神の無限の眼差しが縮減された仕方で各個人に包含されているからである。その際、神の無限の眼差しが縮減される仕方は人によって異なる。この考え方は後に、「モナドは、宇宙を映し出す活きた鏡である」というG・W・F・ライプニッツの人間観へと引き継がれていくが（Leibniz, 1954＝1989）、クザーヌスやライプニッツが見出したのと同じ論理が商品市場にもあてはまる。モナドがそれぞれ固有の視点から宇宙という同一の全体を見るように、各市場参加者は、商品世界という、価格によって可視化された同一の世界をそれぞれ異なった仕方で見ている。このことを指摘したのがルーマンである。

ルーマンによれば、市場は、その内部に存在する市場参加者から見た「経済システムの内的環境」であり、「経済システムの自己観察像」である。経済システムの観察を秩序づけているのは価格であり、市場参加者は価格に基づいて支払いがなされるか否か、他の参加者が市場をどのように観察しているのかを観察することができる。そのため、価格は市場参加者にとって多様な意味をもちうる。同一の価格が人によって「高い」と判断されたり「低い」と判断されたりする。つまり、価格は「同じものが異なっているという一般的な差異化パラドクスの再定式化、操作可能化」なのである（Luhmann, 1988 = 1991: 101）。

貨幣は、このように商品世界に関する膨大な情報を数量的情報に還元しつつ集約している。商品世界の可視化によって、各市場参加者は商品世界に対する認識を共有しつつ、各人の条件に応じて異なった選択を行うことができる。商品交換をとおして人々を分離しつつ結合する貨幣の媒介機能も商品世界を可視化し、計算可能にするという働きに基づいているのである。

貨幣の第二水準――貨幣に対する信用＝信仰

原始貨幣が宗教的様相を帯びていたのに対して、商品交換媒体となった貨幣は、宗教的性質を喪失しているが、すでに述べたように、聖なる力の本質は社会的な結合力にある。原始貨幣の聖なる力も「神と人」を介して「人と人」を結合する媒介的な形式に由来している。原始貨幣と貨幣が同型の構造を備えているとすれば，貨幣も，商品世界の認知的分有をつうじて市場参加者を結びつける媒介的な形式のもとで信用を獲得しているはずである。

原始貨幣を支えているのが信仰であるのに対して，貨幣を支えているのは信用であるが，ジンメルが指摘したように，「経済的な信用もまた多くのばあいにおいて超理論的な信仰の要素を含んでいる」（Simmel, 1900＝1999: 171）。商品市場のなかで貨幣は，自らに対する信用を基礎にして商品交換を媒介するが，同時に商品交換を媒介するなかで信用を獲得するのである。このことは，貨幣の成立根拠に関して新しい見方を提起しうる。

貨幣の成立根拠に関しては，これまで「貨幣商品説」と「貨幣国定説」という二つの見解が対立してきた。貨幣商品説によれば，商品世界のなかで金や銀のような特別な素材的価値をもった商品が貨幣となる。貨幣を貨幣たらしめている究極の根拠は，その実体的な価値にある。貨幣には，紙幣や電子マネーのように何の素材的価値もない信用貨幣も存在するが，この見方によれば，信用貨幣は貨幣の派生形態にすぎない。

一方，貨幣国定説によれば，貨幣を貨幣たらしめているのは貨幣の素材的価値ではなく，貨幣を発行する国家の公権力である。銀行券のような信用貨幣は価値実体のない貨幣であり，その通用力を保証しているのは国家である。

貨幣の成立根拠に関してはこの二つの見解が有力であったが，原始貨幣論から導かれるのはそのいずれでもない。貨幣商品説は、経済の歴史を「実物経済→貨幣経済→信用経済」の過程とみなす伝統的な経済史観と呼応しているが、ポラニーが指摘したように、信用経済は太古の時代から存在してきた。信用は決して、近代に至って登場したものではない（Polanyi, 1977＝2005）。また、貨幣の成立は常に権力に依存してきたわけでもない。それどころか、供犠は、権力の発生装置として機能したが、原始貨幣はそうした権力の発生を担う要因であった。そこでは、権力の発生のほうが原始貨幣に依存しているのである。

金や銀のような価値実体や国家の公権力は、貨幣成立の重要な契機ではあるが、貨幣に対する信用は、最終的には貨幣が「商品世界と人」「人と人」を媒介するという形式そのものに依拠している。貨幣は、商品世界の可視化をつうじて市場参加者による交換可能性を高めるが、貨幣が交換媒体となるためには、貨幣が次々と他者の手に渡っていくことに対する信用が必要である。前章でみたように、「欲求の二重の一致」を必要とする物々交換と違って、貨幣的交換は「欲求の一方的な一致」のもとで成立するが、商品所持者が自分の商品を手放して他者から貨幣を手に入れるのは、将来、別の商品所持者が貨幣を受け取ってくれることへの信用があるからである。貨幣は、人々に信用されることによって継続的な交換の連鎖を生み出す。そうした貨幣に対する信用は、交換が継続的に行われるプロセスに対する信用として成立する。その意味で、貨幣に対する信用は、貨幣が「商品世界と人」を介して「人と人」を結合するという媒介形式に由来しているのである。

ジンメルは、貨幣の本質が貴金属の物質的価値ではなく、経済的価値を象徴的に表現する「機能的価値」にあるとしたうえで、貨幣には二つの「信用前提」が含まれていることを指摘した。すなわち、一つは、「銅ではなく信頼」というマルタの鋳貨《ちゅうか》の刻銘が示しているように、貨幣や貨幣を発行する政府に対する信頼、もう一つは、今受け取られた貨幣が同じ価値のために再び支出されるという信頼である（Simmel, 1900＝1999）。

貨幣を成立させるうえで貴金属の物質的価値も政府の公権力も、信用以上の決定的な根拠にはなりえない。金や銀の物質的価値は、他の商品に比べれば安定的であるとはいえ、絶対的なものではないし、国家が発行した貨幣であっても、その価値が揺らぐことはある。貴金属も政府の公権力も、その価値や正当性を支える集合的な信念に依存しているのである。

貨幣に対する信用（信頼）は、貨幣の歴史において後から付け加わったものではなく、むしろ貨幣を貨幣たらしめる本源的要素である。だとすれば、金属貨幣から信用貨幣に至る貨幣の歴史は、貴金属という、貨幣を補完していた外皮が取り払われ、信用という貨幣の本質が次第に露《あら》わになっていく歴史として捉えられる。

そして、貨幣を支える経済的信用も宗教的信仰に起源を有している。たとえば、英語の「*credit*」やドイツ語の「*Kredit*」は「信用（貸し）」を意味するが、「信頼」や「債権」の語源分析を行ったE・バンヴェニストによれば、「*credo*」に対応するサンスクリット語「*srad-dha*」は、信者が神の恩寵という見返りを期待しつつ、神を信ずる行為を指していた。また、インド＝ヨーロッパ諸語の「*kred*」は、「担保」「賭け物」といった物質性を帯びているものの「超越した存在に向けられる呪力に関わる概念」（Benveniste, 1969＝1986: 173）であった。信頼は「最初のうちは神々と人間との間に確立され、やがて人間同士の間にみられるようになった」（同訳書：一七三）と、バンヴェニストは述べている。

貨幣に対する信用は、最終的には、先に述べた形式以上の客観的根拠をもっているわけではない。貨幣に対する信用は、宗教的信仰に起源をもつだけでなく、宗教的性質を喪失した後でも非宗教的な信仰としての要素を含んでいる。貨幣は、人々がそれを貨幣とみなす限りにおいて機能する。ただし、こうした貨幣に対する信用は、商品交換を行う際の暗黙の前提となっており、特別なケースを除いて意識されることはない。貨幣に対する信用形成は、貨幣が商品世界を数量的世界として開示し、交換を継続的に媒介していく可視的なプロセスの背後にあり、通常は不可視のプロセスとして進行する。

3 市場の表層構造と深層構造

このように商品市場の媒体となった貨幣は、商品世界という同質的な世界を前提にしつつ商品交換の媒体として機能している。商品世界といえども、膨大な情報を含み、誰にとっても見通しがきかない。貨幣は、そのような商品世界を可視化し計算可能にすることによって商品交換を媒介している。このような貨幣の媒介機能も、貨幣に対する信用＝信仰に支えられている。貨幣は、ひとえに貨幣を貨幣とみなす人々の集合的信念に基づいて機能する。それゆえ、原始貨幣から貨幣への移行に伴って、貨幣の媒介領域が限定され、貨幣の宗教的要素が後退したとはいえ、原始貨幣を特徴づけていた二つの性質――異質なものを架橋する媒介性、貨幣に対する信用＝信仰――はその根底で息づいているのである。

貨幣が、①自らに対する信用＝信仰に基づいて、②見透しのきかない商品世界を可視化しながら多様な動機をもった市場参加者を結びつけているとすれば、貨幣を組み込んだ市場――「場所としての市場」ではなく、「価格形成的な市場」――は二層構造をなしていることになる。すなわち、貨幣を成り立たせている「深層構造」と、貨幣によって開示された商品世界としての「表層構造」である。

市場の表層構造

表層構造では、ルーマンが「同じものが異なっているという一般的な差異化パラドクスの再定式化」と呼び、またジンメルが「統一性と多様性の一致」として捉えた、二つの対立的な契機が並存している。ジンメルは、多様性を統一する貨幣の働きについて次のように述べている。「神の思想がそのより深い本質をもつのは、世界の全ての多様性と対立とが神において到達するということにおいてであり、神がニコラウス・クザーヌスの美しい言葉によれば、〈反対の一致〉であるということにおいてである」（Simmel, 1900＝1999: 171）。貨幣は、表層構造においては、差異性と同一性、多様性と統一性を両立させる媒介機能を担っている。この二つは、人々を分離しながら結合するという貨幣の社会的機能に対応している。

歴史的に見れば、貨幣は、その強力な分離作用によって共同体的な絆を弛緩させ、個人化を促してきた。商品交換媒体としての貨幣が共同体に導入されたことで共同体が解体した事例は数多く報告されている。貨幣が悪魔的なものとして表象されるのは、貨幣が伝統的な人間関係を破壊するからである。しかし、貨幣の分離作用は、分業を促進し、個人的自由を生み出す力でもあった。貨幣に媒介された商品交換は、人格的要素を捨象した非人格的関係として成立する反面、人格的要素の捨象は自由な人格創造の余地を生み出した。近代経済学は、合理的選択を行う自律的な個人を理論的基礎に据えたが、市場こそ近代の個人主義を支える社会的基盤であった。

その一方で、貨幣は強力な結合作用を及ぼした。貨幣に媒介された非人格的関係は、その希薄さゆえに広範な結合を生み出した。分業の発展は、協業という、もう一つの契機と結びつくことによって実現されるが、貨幣に媒介された商品交換は、分業と協業を両立させる形式でもある。

貨幣は、分離と結合のいずれにおいても強力な作用を帯びている。こうした「分離と結合」「分業と協業」を統一する市場の調整的メカニズムを解明したのがアダム・スミスにほかならない（Smith, 1789＝2000–01）。私的な利益を追求する諸個人の営みがどのように全体の調和に繋がるのかという問いに対して、スミスが提示した答えが「神の見えざる手」であった。

市場の表層構造では価格調整機能としてのフィードバック（帰還作用）が働き、商品の価格が高ければ、供給を増大させ、価格が低ければ、需要を増大させる力が働く。サイバネティックスでは、生命体のホメオスタシス（恒常性）のように均衡維持的に作用するフィードバックを「ネガティブ・フィードバック」、それとは逆に、均衡を破るようなフィードバックを「ポジティブ・フィードバック」と言うが、競争的市場のなかで働く価格変動は、需要と供給を均衡値に近づけていく「ネガティブ・フィードバック」の過程をなしている。市場に関する社会学的・経済学的な理論の多くは、こうした市場の表層構造を解明してきた。

市場の深層構造

しかし、市場には深層構造という、もう一つの位相がある。貨幣は、表層構造のなかで商品交換を媒介することによって信用を得るが、貨幣の信用形成過程には、価格調整的なフィードバックとは対照的なフィードバックが作用している。というのも、人々は貨幣に対する信用を決定する過程では「他者が信用するなら自分も信用するし、他者が信用しないなら自分も信用しない」という同調的・共振的な論理に従っているからである。貨幣は、自らに対する人々の信用のもとで商品交換を継続的に媒介する限りにおいて貨幣として機能するので、貨幣に対する信用は、結果が結果を増幅していく「ポジティブ・フィードバック」の過程をなしている。貨幣は、ひとたび信用されれば、ますます信用されるし、逆に信用を失えば、さらに信用を失っていくのである。

貨幣に媒介された商品市場は、このような二層構造をなしている。ネガティブ・フィードバックが働く表層構造は「分離を伴う結合」関係からなり、ポジティブ・フィードバックが働く深層構造は「分離なき結合」関係からなる。このことは、商品市場の構造が前近代社会を特徴づけていた聖俗二元論の構造を組み替えたものであることを含意している。

「聖／俗」二元論のもとでは、聖と俗は「聖なる時間と俗なる時間」「聖なる空間と俗なる空間」というかたちで明確に仕切られていた。社会的にみれば、聖なる時間・空間のなかでは「分離を欠いた結合」状態が現出し、俗なる時間・空間のなかでは、日常の社会秩序すなわち「分離を伴う結合」関係が形成された。聖なる力の核心は、集合的沸騰としての「分離を欠いた結合」にあるが、前近代社会では、聖と俗が明確に区切られることによって、聖なる力の両義性がコントロールされていた。

ところが、商品市場では、「分離を伴う結合」は表層構造、「分離を欠いた結合」は深層構造として存在する。どちらの社会関係も時空的な限定を受けることなく存在し、「分離を伴う結合」関係が顕在的であるのに対して、「分離を欠いた結合」は潜在化している。そうした意味で、聖俗の二元的構造が組み替えられているのである。

とはいえ、二つの社会関係から構成された二層構造は完全に固定的なものではない。商品市場を基礎に据えた近代社会は、聖俗二元論を廃棄した社会であるが、その世俗化した近代社会においても、潜在的位相に留まっているはずの関係性が顕在化しうる。そうした深層構造の表層化が起こりやすい市場が金融市場にほかならない。

4　金融市場の特質

貨幣と信用

金融とは字のごとく、金を融通することである。資金を有している者が資金を欲している者に金を融通し、見返りとして利子付きで資金を返済してもらえるならば、互恵的な関係が成立する。このような相互有利化をはかるシステムが金融市場である。金融市場の特質は、商品交換が貨幣に媒介されるだけでなく、貨幣そのものが商品として交換される点にある。そのため、金融市場では貨幣と信用が一般の商品市場以上に緊密な関係をもっている。

第一に、貸し手は将来、資金の返済をあてにして取引を行うので、金融市場では、貨幣が次々と人々の手に渡っていくだけでなく、人に貸した資金が再び本人の元に戻らなければならない。つまり、商品交換の継続とともに、資金の返済に対する信用が成立しなければならない。「負債／返済」も「神と人」という宗教的関係に起源をもつが、負債を返済するという「負債の論理」は、「契約の論理」とともに社会的相互依存を創り出す基本的メカニズムである。金融はこの二つの論理に従っているのである。

第二に、貨幣は、返済に対する信用を基にして自らの経済効率を高めることができる。ジンメ

$$
\begin{aligned}
\text{預金総額}=\text{本源的預金}+\text{派生的預金}\\
&=100+90+81+\cdots\cdots\\
&=100+100\times(1-0.1)+100\times(1-0.1)^2+\cdots\cdots\\
&\fallingdotseq 100\times 1/0.1\\
&=1000
\end{aligned}
$$

図５　銀行の信用創造

ルは、アリストテレスの神の定義をふまえて、貸付貨幣を「不動の動者」に喩《たと》えた。アリストテレスによれば、神は自ら不動でありながら他の一切を動かす「不動の動者」である。同様に、貸付貨幣は、貨幣量が不変のまま、債権者と債務者の双方に属することによって、あたかも貨幣量が増大したかのような経済効果を及ぼすことができる。「貸付貨幣は債権としては債権者の資産額に属し、彼の手元にはまったくないにもかかわらず、それでも彼には有効であるとともに、他方ではこの価値は財産にはまったく見いだされないけれども、債務者はそれでもこの価値によって、彼の財産であるのと同じような経済的な活動を行うことができる」(Simmel, 1900＝1999: 162)。

このような貨幣の自己創造作用を示しているのが銀行の信用創造である。今仮に、ａがＡ銀行に現金一〇〇万円（本源的預金）を預けたとする。預金が引き出される割合を一〇パーセントとするならば、Ａ銀行は、一〇万円を残して九〇万円をｂに貸しだすことができる。ｂは取引先ｃに九〇万円を支払い、ｃは、取引銀行であるＢ銀行に九〇万円（派生的預金1）を預金する。さらに、Ｂ銀行は、支払準備金として預金の一〇パーセントに相当する九万円を残して、八一万円（派生的預金2）をdに貸しだす。dはeに支払い、eは取引銀行であるC銀行に預ける（派生的預金3）。こうしたことが繰り返されると、銀行の預金総額（本源的預金と派生的預金の総計）は一〇〇〇万円になる（図5）。

つまり、預金総額（一〇〇〇万円）から本源的預金（一〇〇万円）を差し引いた派生的預金の総額にあたる九〇〇万円が信用創造額となる。貨幣が増発されたわけではないにもかかわらず、貨幣が増発されたのと同じ効果が銀行の信用創造機能によって得られるのである。こうした貨幣の自己創造効果は、銀行システムの発達を前提にしているとはいえ、貨幣が信用に基づいて成立するという貨幣の本源的な性質に由来している。

金融には、金融取引が銀行に仲介され、銀行が金融リスクを負担する「間接金融」と、貸し手が（証券会社を介在させつつ）株式や債券を購入し、そのリスクを負う「直接金融」に分けられるが、どちらにせよ、一般商品市場と同様に、金融市場にも表層構造と深層構造という二つのレベルがある。表層構造においては、金融は資金の配分機能を担っており、とりわけ直接金融である株式市場は、資金の効率的配分を実現すると考えられてきた。

近代経済学には「効率的市場」仮説（Fama, 1991）と呼ばれる考え方がある。それによれば、株式市場は、株価に当該企業の業績に関連する一切の情報を織り込みながら、当該企業の将来収益を的確に反映するかたちで株価を決定している。株価に織り込まれる情報には、当該企業の業績はもとより、経済環境や政治情勢に至るまで、無数の情報が集約されている。しかも、株価には、市場に参加している投資家全体の評価が反映されている。株式市場は、無数の投資家の評価を一つに集計する装置でもある（倉澤、一九八八）。前章では、供犠が共時的には「神と人」を介して「人と人」を結合し、通時的には現在を介して「過去と未来」を接合する役割を担っていることを述べたが、株式市場も、社会的世界の動きをすべて株価という数量的情報に還元しながら、人々の共時的かつ通時的な結合を実現している。

そして、株式市場の表層構造では、株価の変動をつうじて効率的な資金配分が行われるとされている。市場で株価が過大評価されていれば、株を売りに回す投資家が現れて株価が下落し、逆に、株価が過小評価されていれば、株を買う投資家が増えて株価が上昇する。その結果、株価は適正な水準へと向う。つまり、ネガティブ・フィードバックをつうじて、資金の効率的な配分が実現されるのである。「効率的市場」仮説は、さしずめ「神の見えざる手」を想定したスミス的市場観の金融版といえる。

深層構造の表層化

しかし、深層構造に目を転ずるならば、話は変わってくる。そこではネガティブ・フィードバックとは別のメカニズムが働いている。貨幣が貨幣とみなされるか否かは、「他者が信用すれば自分も信用するし、他者が信用しなければ自分も信用しない」という人々の同調的・共振的な論理のなかで決定される。そのため、いずれの場合にも、結果が結果を増幅させるポジティブ・フイードバックが働いている。そして、金融市場では、通常は深層構造に位置しているはずのポジティブ・フィードバックが表層化することがある。この点こそ他の商品市場から区別される金融市場の特質なのである。

一般の商品市場では、市場参加者は互いに異なる使用価値を求めて市場に参加しているので、市場参加者間の差異（分離）が保証されている。分業の発達は、商品市場の内部的な多様性を増大させてきた。一方、金融市場においても、資金の貸し手は利子の取得を目的とし、資金の借り手は借りた資金を使って事業を行うなど別の目的をもっているので、表層構造では、市場参加者の間に一定の差異（分離）が成り立っている。貨幣の獲得は、資金の貸し手にとって目的であるが、借り手にとっては手段にすぎない。とはいえ、貨幣の獲得は容易に手段から目的に転化しうる。そのため、金融市場の表層構造では、差異（分離）が消滅する可能性がある。

貨幣は、自らに対する信用を基礎にして自己創造的作用を発揮するので、ひとたび金融取引による価値増殖が十分に見込まれると、人々は、貨幣の獲得という同一の目的をもって金融市場に参加する。そうなると、「分離を伴う結合」は「分離を欠いた結合」へと変化し、「他者が貨幣を信用するから自分も信用する」というポジティブ・フィードバックが表層構造で働くことになる。

この深層構造の表層化は、金融市場のなかで集合的沸騰が発生することを意味している。聖俗二元論的な構成をもった社会は、宗教的儀礼をつうじて集合的沸騰を社会的秩序の再生産のために利用してきた。聖俗二元論は、近代社会に至って廃棄されたとはいえ、集合的沸騰が完全に消滅したわけではない。そのことは、すでにデュルケームが指摘したとおりである（Durkheim, 1912＝1975）。集合的沸騰は、近代社会においても革命や暴動のような非日常的な事件として現れる。革命や暴動が起こると、人々は群集心理に支配され、模倣と同調が人々の選択様式となる。ある選択が人々の間で次々と伝播し、人々の無媒介的な結合が生まれる。このような結合状態こそ集合的沸騰である。

しかも、ひとたび発生した集合的沸騰は、容易にコントロールすることができない。聖なる力の両義性を認識していた社会は、聖なる力の危険性を取り除くために聖なる力の発現を時間的・空間的に限定し、聖なる力との不用意な接触を禁じてきた。ところが、聖俗二元論を廃棄した近代社会では、集合的沸騰をコントロールする制度的仕組みを欠いているために、それまで深層構造にとどまっていた集合的沸騰がひとたび顕在化すると、社会秩序を破壊するほどの暴力的作用を及ぼす。

経済学のなかでもケインズ、J・K・ガルブレイスらは、金融市場を論ずる際、群集心理に言及した。たとえば、ケインズは、投資を新聞の美人投票に喩えたが、この比喩は金融の本質を突いている（Keynes, 1936＝2008）。このゲームでは、一〇〇枚の写真のなかから最も美しい女性を六人選んで投票するが、そのとき最も多くの人が選んだ女性と同じ女性を選んだ人が勝利者となる。ゲームに勝利するためには、自分の好みの女性を選ぶのでも、また投票者の平均的な好みの女性を選ぶのでもなく、多くの投票者が選ぶだろうと予想された女性を予想しなければならない。

投票者は、互いに他の投票者の予想を予想しなければならず、投票者全体の予想を正確に予想できた人が勝利者となる。

ケインズはこのことをふまえて、不完全情報下で意思決定を行わなければならない投資家の評価には慣習的要素が含まれており、その慣習的評価は「大勢の無知な個人の群集心理によって打ち立てられた」(同訳書：上巻、二一二)と述べている。そして、投機を「市場心理を予測する活動」と位置づけたうえで、投機家が企業活動の堅実な流れに浮かぶ泡沫であれば問題ないが、企業活動が投機の渦巻きに翻弄される泡沫になると、事は重大な局面を迎えるという。投機が支配的になると、市場参加者間の差異(分離)が劇的に収縮し、人々の選択は共振的・同調的な関係のなかで決定される。このとき、ネガティブ・フィードバックはポジティブ・フィードバックに転化し、集合的沸騰が顕在化する。それが金融恐慌である。

二〇〇八年の世界的金融危機は、過去の金融恐慌にはない新しい要素を含んでいるが、近代の歴史的過程で繰り返されてきた金融恐慌の原理にも従っている。世界的金融危機の新しさについては第6章で述べるとして、次の第5章では、近代の金融恐慌の歴史とそのメカニズムについて説明しよう。

第5章　恐慌の歴史とメカニズム

1　近代恐慌の歴史

中世のキリスト教世界が金融に対して抑圧的であったにもかかわらず、一四世紀のジェノヴァ、フィレンツェ、ヴェネツィアには証券市場が存在していた。フィレンツェでは、一三四〇年代に主要な銀行や商社のほとんどが破産に追い込まれる恐慌も発生した。とはいえ、最初の近代的な株式市場が形成されたのは一七世紀のオランダであり、近代における恐慌の歴史もそこから始まるといっても過言ではない（Galbraith, 1990＝2008）。ここでは金融恐慌に焦点をあてながら、恐慌の歴史を振り返ってみよう。

チューリップ狂

一七世紀はオランダの時代であった。スペイン、ポルトガルに代わって世界進出の覇権を握ったオランダは、海運業が発達しただけでなく、国際金融の中心でもあった。そうした状況のなかで一六三〇年代に「チューリップ狂」と呼ばれるバブルが起こった。最初は、トルコから輸入されたチューリップがオランダやドイツの資産家の間で高値で売買されるだけだったが、熱狂的な愛好者が増えるにつれて、チューリップの値が跳ね上がった。球根は、転売されるごとに値を上げ、高級品種の球根ひとつが邸宅と交換されることもあった。

一六三六年にはロッテルダム、ハーレム、ライデン、アルクマール、ホールンなどの町には定期市が設けられ、資産家もチューリップを庭に植えるためではなく、売買益を得るために買った。貴族、市民、農民、商人、漁師、従者、使用人、煙突掃除人、洗濯婦など、あらゆる階層の人々が球根の取引に手を出すようになった。花に投資するために家や土地を譲渡したり格安で売りに出したりする者さえ現れた。外国人も同じ熱にうかされ始め、世界中の資金がオランダに流入した。「オランダはまさに富の神プルトスの部屋に通じる控えの間と化してきた」のである（Mackay, 1852＝2004: 86)。

しかし、一六三七年に突然の変化が起こった。分別のある人々は、こんな愚行が永遠に続くわけがないと考えるようになった。最後は、大損をする人が出てくるのではないかという懸念が広がり、球根の価格は暴落した。多くの人々が財産を失い、豊かな生活は露と消えた。

ミシシッピ計画

一八世紀に入ると、フランスとイギリスで時を同じくしてバブルが発生した。一七一〇年代、フランスの国家財政はルイ一四世の浪費によって破綻寸前の状態に追い込まれていた。そこで、財政再建のために採用されたのが、賭博師でもあったJ・ローの発案したミシシッピ計画であった。ローは、当時の摂政オルレアン公の支持のもとに、一七一六年に銀行（後の王立銀行）を設立する権利と銀行券を発行する権能を与えられた。銀行券は硬貨との交換可能性をもっていたので、人々は銀行券を信用した。フランスで最初に導入された、このペーパー・マネーは、政府の経常費の支払いや過去の国庫債務の引き受けに用いられたが、問題は、銀行券の実体的な裏付けとなる現金収入源の確保にあった。そのために考え出されたのがミシシッピ計画である。

計画のねらいは、ミシシッピ会社の特許事業をつうじて、北アメリカのフランス植民地との貿易や金鉱開発による利益をあげることにあった。ミシシッピ会社の特許権は、一七一九年にはミシシッピ川、ルイジアナ州、シナ、東インドおよび南米の貿易独占権やフランス東インド会社の支配権にまで拡大された。人々は「これほどの特権が与えられたからには、会社の利潤がものすごい金額になると予想」した（Tvede, 1997 = 1998: 22）。人々が株の購入を求めて市場に殺到した結果、株価は発行価格の一〇〜四〇倍にまで跳ね上がった。

株価が高騰すると、それを当て込んで誰もが無限の富を夢見てミシシッピ株に投資した。しかし、株式の売上げ代金は会社の事業に使われたのではなく、政府の負債返済に充てられた。国債償還のために株式が発行され、その株式を購入するために銀行券が発行された。ローの銀行が王立銀行として認められるや否や、摂政は、国債償還のために大量の銀行券を発行した。こうして貨幣が自己増殖的に循環する回路が創られた。僅《わず》かな量の硬貨を支えにして貨幣量が増大したわけだが、逆にいえば、銀行券の価値を支える硬貨の量は減少していった。

信頼が維持できている間は商業にも勢いがあった。儲からないことなどあり得なかったからだ。とくにパリではそのいい成果が実感できた。世界中からパリに入ってくる外国人は、そこで金儲けをするだけでなく、消費してくれたのである。……パンや肉、野菜は、かつてないほど高い値段で売られるようになった——労働賃金もそれに比例して上昇。日当が一五スーだった職人は、今や六〇スーも稼いでいたし、住宅も建築ラッシュを迎えていた（Mackay, 1852＝2004: 29–30）。

しかし一七二〇年、銀行券を現金化しようとしたコンティ公の偶発的な行動をきっかけに、バブルは崩壊した。ミシシッピ会社の新株購入を断られたコンティ公は、ローに腹を立てて巨額の銀行券を換金化しようとした。オルレアン公はローの要請を受けて、引きだした正貨を銀行に戻すようにコンティ公に命じたが、このことが銀行券に対する不信を芽生えさせた。さらに、ローの発案で正貨の使用を一切禁ずる勅令が発布されたが、これも火に油を注ぐ結果となった。その後、ミシシッピ株の価値を高めるための策が講じられたが、失敗に終わった。バブルの崩壊によって銀行券は交換性を失った。ミシシッピ株はもとより、多くの物の価値が失われた。「ほんの一週間前には百万長者《ミリオネアー》——この不可欠の用語はこの時期の出来事に由来する——だった市民は、今や貧困に陥った」（Galbraith, 1990＝2008: 63）。

南海泡沫事件

これとよく似た出来事が、スペイン継承戦争によって財政危機に陥っていたイギリスでも起こった。政府の財政危機を打開するために、オックスフォード伯爵ハーリーが一七一一年に設立した南海会社は、政府の債務を肩代わりするかわりに、さまざまな特権を与えられた。会社は、政府から年に六パーセントの利子の支払いを受け、株式発行の権利を与えられた。さらに、戦争終結時にはスペイン領中南米植民地（南海地方）との独占的な貿易権も与えられるはずだった。実際には、スペインとの関係の悪化によって、事態は期待どおりに進まなかったが、そのことは無視された。人々はペルーやメキシコで採掘される金や銀をあてにし、誰もが「英国の会社に行ってもらうだけで百倍もの金塊や銀塊になって返ってくると信じていた」（Mackay, 1852＝2004: 47）。

南海会社の株価は急騰し、一七二〇年一月に一二八ポンドであった株価は、同年六月には八九〇ポンドにまで高騰した。株価の高騰とともに、あらゆる階層の人々がまるで株式仲買人になったかのごとく投機に熱中した。株価の高騰とともに、無数の株式会社が出現したが、その多くは、現れては消えていく「泡沫会社」であった。「バブル（泡沫）」という言葉の語源はここにある。

泡沫会社のなかには、「永久運動を続ける車輪を取り扱う会社」や、「大いに利益になる事業をするのだが、それが何であるか誰も知らない会社」といった胡散臭い会社までも現れた。「この有名な泡沫《バブル》が大きく膨んでいる間、英国には異常な光景が広がっていた。一般大衆は病的な興奮状態に陥っていた。慎重な取引でゆっくりと確実に利益を得るだけではもう満足できなくなっていた。明日になれば無限の富が手に入るのだから、今日は何も気にせずに贅沢をしてもいいという気分になっていた」（同訳書：六七）。

しかし、一七二〇年の夏に、バブルは突如崩壊した。同年八月に一〇〇〇ポンドに達した南海会社の株価が、九月には一七五ポンドに暴落したのである。その原因の一端は、これ以上の高騰はありえないと予想して利益を確定しようとした南海会社の幹部や社員の「利食い売り」にあったといわれている。バブル崩壊後、あちこちの町で市民集会が開かれ、不正行為で国を崩壊寸前にまで追い込んだ南海会社の幹部らを法律で処罰せよという嘆願書が採択された。

一九世紀の周期的な恐慌

チューリップ狂から南海泡沫事件までの恐慌は金融恐慌であったが、一九世紀に産業資本主義が勃興すると、恐慌の性格も変化した。恐慌は、産業恐慌と金融恐慌が合体する複合的な形態をとるようになった。

産業恐慌の萌芽は、すでに一八一〇年、一八一五年、一八一九年の恐慌に現れていたが、一八二五年の恐慌を境に、一八三六年、一八四七年、一八五七年、一八六六年、一八七三年と約一〇年周期で発生するようになった（宇高、一九五九）。過剰生産や過剰輸出によって引き起こされる産業恐慌は、古い生産体制の行き詰まりを意味するが、同時に新たな生産体制を構築する出発点にもなった。恐慌によって、古い生産体制が暴力的な仕方で清算されるとともに、新たな生産体制への足がかりが築かれたのである。産業資本主義は、周期的な恐慌を繰り返すことによって自己革新を遂げていった。

一九世紀の産業恐慌は、最初に産業革命に成功し、世界市場を形成したイギリスを抜きにして語ることはできない。オランダに代わって覇権を握ったイギリスは、綿業を基幹産業とした「世界の工場」であっただけでなく、資本を輸出する「世界の銀行」でもあった。イギリス国内のみならず世界の鉄道建設に大きな力を貸したのはイギリス資本であった。一九世紀の周期的な恐慌が「鉄道狂」と呼ばれるバブルと結びついていたのは、鉄道建設が過剰投資の要因になったからである。

約一〇年周期で発生した恐慌のなかでも一八五七年の恐慌は、最初の世界恐慌となった。イギリス国内では、一八三〇年代に鉄道会社の設立ブームが起こり、一八四〇年代に国内の基幹的な鉄道網が整備された。その後も、イギリスの巨大な資本力のもとで鉄道建設熱が世界中に広がった。一八五〇年代の一〇年間に全世界の鉄道網は約三倍に延長され、特に米国では約三・五倍に拡張された。鉄道建設とそれに関連するさまざまな生産部門の発展をつうじて、産業資本主義が著しい成長を遂げた。一八五七年の世界恐慌はこうした好況のなかで起こった。

当時、イギリスは、米国をはじめ、ほとんどすべての資本主義国に信用供与していた。米国は急速な発展を遂げていたとはいえ、米国の市場には、輸入に対応するだけの消費能力が欠けていた。米国は、輸出より輸入が上回れば、イギリスから流入した資金で支払っていた。一八五七年、ヨーロッパの豊作によって米国の主要輸出品であった穀物価格が暴落すると、米国は資金不足に陥った。穀物投機に関与していた商社の破産をきっかけに鉄道建設に関する過剰投機が崩壊し、米国の利子率が上昇した。それを受けてヨーロッパから米国に資金が流出した結果、こんどはヨーロッパでも資金が枯渇して信用梗塞状態に陥った。こうして、米国を震源とする暴落がパリやハンブルクの取引所を崩壊させる世界恐慌へと発展した。

もっとも、一九世紀の恐慌は、立ち直りも早かった。翌年の一八五八年には経済は好転し、一八六〇年にはイギリスの綿業は絶頂を迎えた。一九世紀の周期的な恐慌はいずれも比較的軽微な程度で終わり、回復も速かった。マルクスが分析の対象にしていた恐慌は、このような金融恐慌を伴った産業恐慌であった。恐慌の根底には、好況と不況を繰り返していく産業資本主義固有の景気循環があり、そこに信用供与が絡むかたちで生産と消費のギャップが発生ないし拡大したのである。

一九二九年の世界恐慌

一八七〇年代以降、イギリスに代わって台頭してきたのが米国やドイツであった。産業の中心は、綿業を中心とした軽工業から膨大な固定資本を要する重化学工業へとシフトし、産業の集中化も進んだ。それに伴い、恐慌の性格も変化した。市場の競争メカニズムが阻害されたことによって、生産の急激な失速と急速な回復を繰り返してきた周期的な恐慌は、長期的な不況を伴う慢性的な恐慌へと変化した（宇高，一九五九）。

さらに二〇世紀に入ると，米国がイギリスの生産力を追い抜き，世界経済の主役に躍り出た。住宅景気と自動車産業の躍進がアメリカ経済の発展を牽引し，画一的な大量生産に基づく消費文化が開花した。当時のアメリカ人は，一九世紀のアメリカ人と違って，借金をしてでも豊かな生活を望んだが，そうした彼らの夢をかなえたのが信用取引の発達である。「割賦《かっぷ》販売」と呼ばれた消費者信用の拡大によって，自動車，ラジオ，冷蔵庫，衣服などの日用品を割賦で購入することができた。また，「マージン・ローン」という新しい形式のローンの誕生によって，株式購入額の一部を自己負担すれば，残りの資金を金融ブローカーからローンで借りられた。株価が上昇すれば，僅かな資金で利益をあげられた。

第一次世界大戦後の混乱から抜けきれないヨーロッパ諸国を尻目に，米国は経済的繁栄を謳歌したが，それは，恐慌の舞台が米国に移ることをも意味した。一九二〇年代半ばに起こった不動産ブームが二八年に衰退すると，こんどは大量の投機資金がニューヨークのウォール街に流れ込んだ。さらに一九二七年，米国の中央銀行に相当するＦＲＢ（連邦準備制度理事会）がヨーロッパ諸国からの要請に応じて公定歩合を引き下げた結果，株式市場が急速に過熱した。ＦＲＢは株式市場の過熱を防ぐために，いったん公定歩合を引き上げたが，逆に，ヨーロッパに向かっていた米国の民間資金やヨーロッパの資金の流入を招いたため，株価が急上昇した。実体経済はすでに過剰生産に陥っており，陰りが見えていたにもかかわらず，株式市場では，一九二九年九月にダウ工業株平均株価が最高値をつけた。

一〇月に入って著名な経済学者A・フィッシャーが「株価は永久的に高い高原状態と見てもよさそうな水準に達した」と述べたが、その直後の一〇月二四日にウォール街の大暴落が起こった。暴落は同年一一月にいったん止まり、回復への兆しが見えたが、翌年四月から三二年七月まで下落し続けた。三〇年の夏からは銀行危機が始まり、三三年二月には三四〇〇行もの銀行が閉鎖される未曾有の銀行恐慌に見舞われた。三二年には実体経済も最悪の状態に陥った。米国の全工業生産指数は、二九年の水準に対して五〇パーセントの減少を示し、失業率は三二パーセントに達した。

ヨーロッパでも、一九三一年にオーストリアの銀行破綻をきっかけにして、銀行破綻がヨーロッパ諸国に飛び火した。金本位制を採用していた国際通貨制度も危機に陥り、各国が金本位制から離脱していった。各国は国内産業保護のために保護貿易主義をとったが、そのことが事態をいっそう悪化させ、第二次世界大戦への道を拓いた。米国では、大不況からの脱出策としてローズベルト大統領がニューディール政策を実施したが、大きな成果は挙げられなかった。大不況からの脱出を実現させたのは、日米開戦を契機とした戦争特需である。アメリカ経済が一九二九年の水準に戻ったのは、二五年後の一九五四年のことである。

2 金融恐慌の四つの段階

二〇世紀前半の世界恐慌に至る歴史を駆け足で追ってみたが、以上のことからわかるように、近代の歴史は恐慌の歴史でもある。産業資本主義の段階に入ると、金融恐慌と産業恐慌が結びつくようになったが、金融恐慌は産業資本主義が誕生する以前から存在していた。

これまでマルクス経済学は、金融恐慌を産業恐慌の付随的な要因とみなしてきた。たしかに、産業資本主義の成立とともに、金融恐慌は、好況と不況を繰り返す産業資本主義のダイナミズムに組み込まれ、産業資本主義に内在する景気循環が信用膨張と信用収縮を誘発する構造的要因として作用した。産業資本主義のなかで金融資本が果たす役割は、好況時には生産を加速し、不況時には生産を抑制する触媒的な作用にある。しかし、こうしたことは、金融恐慌に独自のメカニズムが働いていることを否定するものではない。金融恐慌にはそれ独自のメカニズムが働いている。

そこで、H・P・ミンスキー（Minsky, 1992）やC・P・キンドルバーガー（Kindleberger, 2002＝2004）のモデルを参考にしつつ、金融恐慌のメカニズムを社会学的な視点から再構成してみよう。金融恐慌の発生プロセスは、「転換期」「高揚期」「絶頂期」「崩壊期」という四つの段階に分けられる。

転換期

金融恐慌は信用経済の劇的収縮として起こるが、いかなる場合にも、信用収縮が起こる前に信用膨張が見られる。たとえば、一八五〇年代の経済的高揚は、イギリスの豊富な資本や世界的な鉄道建設の需要を背景にしており、そこにカリフォルニアおよびオーストラリアの金鉱の発見やクリミア戦争の勃発といった状況要因が加わった。また、一九二〇年代米国の経済的繁栄には、自動車産業の発達、建築需要の増大といった構造的要因のほかに、FRBによる公定歩合の引き下げといった政策的要因も関与している。自動車産業の発展は資金需要を増大させ、金融緩和政策は資金供給を加速した。戦争の勃発や終戦、豊作や凶作、市場の拡大、技術革新（運河・鉄道・自動車）、政治的事件、金融政策の変更など、多種多様な要因が考えられるが、そうした要因が加わることによって信用膨張が始まる。

ただし、この段階において金融取引はまだ投機ではなく、投資としての性格を維持している。投資と投機の違いは、貨幣の「目的性／手段性」の違いに関連している。ジンメルが指摘したように、貨幣は通常、交換をつうじてあらゆるモノの獲得を可能にする「絶対的な手段」であるが、時にそれ自体が究極の価値として妥当する「絶対的な目的」へと転化しうる（Simmel, 1900＝1999）。投機が価格の変動差によって生ずる売買益を得ることを目的としているのに対して、投資は、商品の使用価値の享受を目的としている。

たとえば、土地を工場建設のために買った場合には投資であるが、転売目的で買った場合には投機となる。前者においては、貨幣は土地を購入するための手段であるが、後者においては、貨幣の獲得が目的になっている。公社債や株式などの証券の場合には、利子や配当をもたらすことが証券の使用価値となるが、それでも売買益を得るための取引とは異なる。株式への投資は、株式を発行した企業の成長に対する期待を含み、貨幣はそのための手段として利用されるからである。

投資が支配的である限り、金融市場には、需要と供給を均衡化させるネガティブ・フィードバックが働いている。ネガティブ・フィードバックが働くための条件は、市場参加者の間に十分な多様性が存在することであり、転換期にはその条件が充たされている。利子や配当を目的とした資本出資者に対して、資本享受者は資本を使って事業活動を行う。事業者も利潤の追求を最終的な目的としているとはいえ、多様な事業活動をつうじて利潤を追求する。このような資本提供者と事業者間の差異、事業者間の差異を前提にしてネガティヴ・フィードバックが作動する。

それゆえ、転換期においては、金融市場の表層構造は「分離（差異）を介した結合」という、市場の一般的特徴を堅持している。金融市場は、目的を異にする市場参加者を貨幣的交換によって結合し、実体経済の発展を牽引していく合理的な役割を担いうるのである。

高揚期

とはいえ、貨幣の獲得が目的であるか手段であるかは相対的な区別にすぎない。絶対的な手段である貨幣は、絶対的な目的へと容易に転化しうる。それは、投資が投機に移行する可能性でもある。好況期を迎えると、金融市場は投機的様相を帯びてくる。しかも、金融には縁のなかった人々までも金融市場に参入し、債券や証券の売買によって利益をあげようとする。

たとえば、チューリップ・バブルの時には、一六三六年から投機的活動が盛んになった。「チューリップの仲買人たちはチューリップの値動きに投機して、値が下がったところで買い、上がったら売るというやり方で大金を手に入れた。成り金が急増した。黄金の餌が目の前にぶら下がっていたのである。まるで蜂蜜のつぼにハエが群がるように、人々は引きも切らずチューリップ市場へ押し寄せた。……あらゆる階層の人々が、財産を現金に換えて花に投資した」(Mackay, 1852 = 2004: 85–86)。

同じことが二〇世紀の世界恐慌時にも見られる。投機が本格化するのは一九二八年からであるが、F・L・アレンは、一九二八年春の投機熱を次のように描写している。「投機熱に国中が感染しつつあった。……ある経済学者によると、彼の行きつけの医者は患者が市場のこと以外は話さないことに気づいたし、行きつけの床屋では、人々はモンゴメリー・ウォード株の予想に熱中しながら蒸しタオルで話を中断されていた。女房たちが、なぜこんなに遅れるのか、なぜ給料を全額家へ持ち帰らないのかとたずねると、夫から今朝、アメリカン・リンシード株を百株買ったばかりだときかされるのだった」(Allen, 1931 = 1993: 392)。一九二〇年代は女性解放の時代でもあったので、男性ばかりでなく、さまざまな階層の女性も金融取引に加わった。女性の買いが強気相場の原動力になったとさえいわれた（Chancellor, 1999＝2000）。

金融市場には、投資から投機への移行をもたらす内在的な要因が備わっている。金融資産の値上がりが見込まれる状況が出現すると、金融資産を持たない者でも「レバレッジ（てこ）の原理」を利用して富が得られるからである。

貸付貨幣は、負債の創造によって経済効果を高めるが、負債はレバレッジの原理を働かせる手段となる。貸付貨幣は、ジンメルが「不動の動者」である神に喩えたように、貨幣供給量を変えることなく貨幣供給量を実質的に増大させる効果を及ぼす。貨幣は、他者が自分の手にしている貨幣を将来受け取るという、他者への信頼のうえに成り立っているが、貸付貨幣の場合には、さらに貨幣を受け取った他者が将来自分に返してくれるという、もう一つの信頼が加わっている。貸付貨幣は、この回帰的な信頼を前提にして負債を創造し、少額の自己資金で多額の利益を得ることを可能にする。

今仮に、一〇〇万円の自己資金を使って四〇〇万円を借り入れたとする。借入の利率を五パーセント、投資の利益率を一〇パーセントとするならば、自己資金のみの場合の利益は、一〇〇万円×〇・一＝一〇万円にすぎない。ところが、借入金を利用した場合の利益は、一〇万円プラス四〇（四〇〇×〇・一）万円マイナス二〇（四〇〇×〇・〇五）万円＝三〇万円となる。つまり、借入金によって利益は三倍に増えたのである。金融市場で過剰な信用膨張が起こるのは、何倍、何十倍ものレバレッジ（てこ）をきかせた信用取引が行われるからである。

負債の創造とレバレッジの原理を働かせる仕組みは、金融市場の発展とともに変化してきたが、一九二〇年代の米国では、資産を持たない金融の素人であっても金融取引によって富を築ける可能性が広がった。FRBの金融緩和政策によって、連邦準備銀行からニューヨークの銀行に流れた大量の資金は、さらに銀行から証券会社へ、そして証券会社から投資家へと流れた。その資金の増大ぶりは、証券会社向けの銀行貸出である「ブローカーズ・ローン」の伸びに見ることができる。「ブローカーズ・ローン」は、購入予定の株式を担保に入れ、僅かな保証金を支払えば、多額の投資を行える。ここにはレバレッジの原理が働いている。ブローカーズ・ローンの残高は、二〇年代の前半では一〇～一五億ドルで推移していたが、二七年から増大し、二八年末には六〇億ドルに達した。

この時代にはまた、投資信託が米国で急成長を遂げた。投資信託会社は高度な専門的知識を駆使しながら、小口の投資家から集めた資金を多数の事業会社の株や債券に投資するので、金融の素人にとって格好の投資方法となった。投資信託会社も高いレバレッジをかけて資金運用をはかった。チューリップ・バブルの際には「小さな球根が巨額の貸付の『てこ《レバレッジ》』となった」(Galbraith, 1990＝2008: 54) と、ガルブレイスが述べているように、レバレッジの原理は以前から作用していたが、レバレッジの原理が意識的に活用されるようになったのは二〇世紀以降である。

こうして高揚期においては、多種多様な人々が金融市場に参入してくるのとは裏腹に、人々の動機は、金融取引による差益の獲得という同一の目的に収斂《しゅうれん》してくる。その結果、金融市場の表層構造では、ネガティブ・フィードバックに代わってポジティブ・フィードバックが作用し始める。信用膨張が更なる信用膨張を生み、前章で述べた「深層構造の表層化」が起こる。

かつてR・K・マートンは、たとえ誤った予言であっても、人々がその予言を信じて行動すれば、予言したとおりの現実が生まれることを「予言の自己成就」と呼んだが（Merton, 1957＝1961）、信用バブルの形成は「予言の自己成就」的なメカニズムに従っている。株価の高騰を信じて人々は株を購入するが、そうした人々の同調的な行動が株価の更なる高騰を生みだすのである。

絶頂期

信用膨張は、高揚期の段階では実体経済の成長を加速する触媒的な作用を及ぼすが、膨張がさらに進むと、信用取引は実体経済からかけ離れ、バブル化していく。それが絶頂期である。この段階に達すると、信用バブルを危ぶむ声があがっても、警告は金融市場を覆い尽くす楽観的な見通しの前にかき消されてしまう。ミシシッピ計画の場合、紙幣の過剰増刷が国家財政の破綻をもたらすことを危惧した高等法院が警告を発したが、無視された。南海泡沫事件の時にも、R・ウォルポールという下院議員が南海会社の株取引の危険性を訴えたが、逆に偽予言者呼ばわりされた。

絶頂期に入った金融市場は、「陶酔的熱病」「根拠なき熱狂」としての様相を呈する。フランスにペーパー・マネーが導入される「わずか四年前にはフランス中が絶望の淵に沈んでいたというのに、いまでは国全体が事実上歓喜と幸福感で沸き返っているのだ。……パリはどこよりも沸騰していた」(Tvede, 1997 = 1998: 24)。

一九二九年の米国では、「多くの人びとが、自分の運命を託している会社がどんな種類の会社なのかをまったく知らずに投機をやり――そして儲けていた――シーボード・エア・ライン株〔フロリダの海岸沿いを走る鉄道会社〕を航空株だと思いこんで買ったりしていたようにである。雑貨屋、電車の運転手、鉛管工、お針子、もぐり酒場の給仕までが相場をやった。反逆しているはずの知識人さえも、市場にいた。……大強気市場は国民的熱狂にまで高まっていた」(Allen, 1931 = 1993: 414–415)。

熱狂の渦のなかにいる人々は富を追求しているとはいえ、その行動は単なる功利的な行動ではなく、社会的な共振性に裏打ちされた集合行動である。この集合行動こそ、デュルケームが「集合的沸騰」として捉えたものである。

聖俗二元論を基礎にした社会のなかでは、集合的沸騰は供犠のような宗教的儀礼をつうじて呼び起こされたが、絶頂期にも祝祭的な状況が出現する。南海泡沫事件がクライマックスを迎えた頃のシティ(イギリスの金融街)では「町中が年一回の聖バルトロマイ祭日の大市のような騒ぎになった。……スミスフィールドの敷石がはがされて、杭が打ち込まれ、露店や見せ物小屋がたてられた。シティには、サーカスの見せ物や剣士や役者や香具師が集まった。その週の後半にかけて、昼も夜も通りは人で一杯になり、活気に溢れた群衆が、酒を飲み、博打を打ち、見物していた」(Chancellor, 1999＝2000: 139)。

ウォール街での大暴落が起こる直前も同様であった。「例年なら市場が閑散になる夏の間、一万人とも推定される人びとがニューヨークの金融街に集まって、文字通りの群衆になり、強気相場の最後の日々はカーニバルのような雰囲気になっていた。非公式の投機グループがあちこちで会合を開き、遠く離れた町や村に住む人たちも、ラジオを聞いて強気の群衆に加わっていた」(同訳書：三三六―三三七)。

集合的沸騰が両義的な作用を帯びるのは、それが「分離なき結合」を実現するからであった。集合的沸騰は社会的な結合力の基礎になるとはいえ、「分離を伴う結合」として成立する日常的秩序に対して破壊的な作用を及ぼしうる。絶頂期を迎えた金融市場においても、熱狂のもつ両義的な側面を見て取れる。ミシシッピ計画によってバブルの絶頂期を迎えたパリは歓喜と幸福感で沸き返っている一方で、「群衆を目当てに、パリ中の泥棒や無頼漢も寄ってきて、騒動や暴動も後を絶たなくなってきた。夜になると、兵隊を送り込んで通りの連中を一掃しなければならなくなることも多々あった。……風紀の乱れは以前から目につくようになっていたが、中流階級が急速に汚染されてくるといっそう顕著になってきた。有害な賭博熱も社会に浸透してきて、公衆の徳も個人の徳もこうした賭博熱の前にはなす術なしであった」(Mackay, 1852＝2004: 22, 29)。

「聖なる時」に現れる両義性が集合的沸騰に由来するとすれば、深層構造が表層化した金融市場のもとで、「聖なる時」のような状態が出現しても不思議ではない。集合的沸騰は、人々の情動的な繋がりのもとに集合的選択を導いていく原初的コミュニケーションである（正村、二〇〇一）。無限の富を夢見て金融取引に勤《いそ》しむ人々の集合的行動は、さながら幸福を夢見て神に祈りを捧げる宗教的行為に似ているが、その類似性は単なる比喩ではない。行為の内実こそ異なるが、日常生活のなかで潜在化しているはずの集合的沸騰が顕在化したという点では共通している。その意味で、信用バブルの形成は、世俗化した社会における宗教現象なのである。

崩壊期

もっとも、宗教的儀礼が執行される聖なる時と絶頂期の間には重大な相違点もある。聖と俗の間には明確な時空的な境界が設けられていたのに対して、金融市場ではそのような境界は存在しない。「分離なき結合」と「分離を介した結合」という、聖と俗に対応する社会関係は、それぞれ深層構造と表層構造として並存しているため、深層構造がひとたび表層化すると、信用バブルは破裂するまで膨張する。

金融市場では「予言の自己成就」が起こりうる以上、実体経済から乖離してもただちに軌道修正が行われるわけではない。とはいえ、市場のなかで価格がこれ以上上昇しないという見方が広がり始めると、事態は一変する。市場価格が一挙に下落する。バブルの崩壊を予見して利鞘《りざや》を稼げる者はごく一部にすぎず、事態の変化を知った時には、時すでに遅しである。信用膨張は、バブル崩壊という劇的な結末をもって終わる。これが「崩壊期」である。

信用収縮の過程では、高騰が高騰を呼ぶポジティブ・フィードバックに代わって、暴落が暴落を呼ぶポジティブ・フィードバックが働く。このフィードバックを支えているのも、自己の選択と他者の選択を重ね合わせる社会的な共振性である。「他者が貨幣を信用するなら自分も信用する」という、高揚期と絶頂期に見られた共振性は、今や「他者が貨幣を信用しないなら自分も信用しない」という共振性に変化するが、そのメカニズムは同じである。

一九二九年ウォール街の大暴落が起こった一〇月二四日の「一一時には、市場はすさまじい狼狽売り一色となる。国中のあちこちで証券会社の事務所に大勢が詰めかけ、端末は遅れに遅れながらおぞましい数字を吐き出していく。一部の銘柄は債券用の端末からリアルタイムで株価が打ち出されたが、それは株用の端末が伝える数時間前の株価をさらに下回っていた。……一一時半には、市場は激しい恐怖に覆われ出口の見えない状態に陥る。まさにパニックだ」(Galbraith, 1997＝2008: 165–166)。

しかし、「暗黒の木曜日」は終わりの始まりにすぎなかった。一〇月二八日以降、絶頂とどん底が繰り返されたが、二九日は「最悪の火曜日」となった。この日、大打撃を受けたのは製造業ではなく、会社型投資信託であった。「投信株は下がったなどという生やさしいものではなく、ほとんど紙屑になりかかっていた」(同訳書：一八七)。投信株の急落が激しかったのは、投資信託会社がレバレッジの原理をきかせて急成長を遂げたからである。レバレッジの原理は、僅かな自己資本で巨額の利益を得ることを可能にした反面、巨額の損失を生みだす要因にもなった。要するに、崩壊期においては、高揚期と絶頂期を導いたメカニズムがすべて逆向きに作用したのである。

3 金融恐慌と聖俗二元論

以上のように、近代の歴史においては信用の急激な膨張と劇的な崩壊というプロセスが繰り返されてきた。このプロセスは、金融市場に対して金融資産の持続的高騰をもたらす何らかのきっかけが与えられることによって開始され、さらに信用膨張は、①社会的共振性、②ポジティブ・フィードバック、③負債の創造、④レバレッジの原理によって加速される。これらの要因が組み合わさることによって転換期から高揚期へ、そして高揚期から絶頂期へと突き進む。その過程で金融市場の深層構造の表層化が起こるが、崩壊期には、これと同一のメカニズムが逆向きに作用することによって、絶頂期に見られた幸福感は一瞬のうちに恐怖感へと転化する。貨幣を貨幣たらしめているのは、貨幣に対する信用を規定する集合的選択であり、この集合的選択を支えている社会的な共振性が信用膨張だけでなく、信用収縮を引き起すのである。

金融恐慌の独自性に着目したガルブレイスやキンドルバーガーらは、金融恐慌が多様な現れ方をするにもかかわらず、その発生過程に一定の規則性があり、バブルを生む熱狂の背後に群集心理が働いていることを認識していた（Galbraith, 1990＝2008; Kindleberger, 2002＝2004）。すでに、ケインズも金融市場における群集心理の役割に気づいていた。「ホモ・エコノミクス」という合理的個人を想定して経済現象を説明する近代経済学のなかで、彼らの説明はすぐれて社会学的である。とはいえ、群集心理を人間の非合理的な感情としたうえで、熱狂を生み出す要因を群集心理に求めるならば、それは正しくない。

これまで群集心理は、G・ル・ボンに代表されるように、理性を欠いた人間の非合理的な感情とみなされてきた（Le Bon, 1921＝1993）。人は誰しも、個人でいる時には理性的に振る舞うが、群集化すると衝動的・被暗示的・同調的な態度をとる。これが群集心理に対する一般的な見方である。しかし、バブルの形成と崩壊を導いた集合的沸騰は、社会秩序を形成する原初的・根源的な力でもある。集合的沸騰は、聖なるものの両義性のように、合理的にも非合理的にも作用する。その両義的な側面の一方のみを表現した概念が「群集心理」なのである。

深層構造に位置するはずの社会的な共振性が表層化して集合的沸騰が顕在化するのは、そもそも貨幣が自らに対する人々の信用のうえに成り立っているからである。国家の権威や金のような素材的価値が貨幣に対する信用を裏付けるのに役立つとはいえ、貨幣に対する信用は、究極的には神への信仰と同様に、人々が一致して信用するという社会的な共振性に基づいている。その意味で、聖俗二元論のメカニズムは、世俗化が進んだ近代社会のなかで消滅したのでなく、組み替えられたのである。

第6章　生産優位から金融優位へ

1　世界的金融危機とその社会的背景

サブプライム問題

二〇〇八年の世界的金融危機は、すでに述べたように、産業資本主義から金融資本主義への転換を示唆していた。今回の危機も、前章で述べた金融恐慌の原理と同じ原理に従っているが、その単なる繰り返しではない。金融資本主義と化した現代資本主義は、産業資本主義が立ち上がる以前の状態に回帰したわけではない。現代資本主義に固有な新しい要素が加わっている。この新しさを生みだしたのは、これから説明するように、金融の規制緩和、金融工学の発展、金融の情報化であるが、その結節点となっているのが現代貨幣である。貨幣に注目しなければならない理由もそこにあるが、まずは、二〇〇八年の世界的金融危機がどのような社会的背景のもとで、いかなる過程を辿ったのかを確認しておこう（正村、二〇〇九）。

ブレトンウッズ体制の崩壊は、戦後の覇権国家であった米国の衰退を象徴していたが、一九九〇年代に入ると、米国は再び覇権国家としての地位を取り戻した。一九八〇年代に抱えていた「双子の赤字」のうち貿易赤字は残ったものの、財政赤字は解消された。ドルは、米国からいったんアジアやヨーロッパの貿易黒字国に流れたが、再び投資先を求めて米国に還流した。当時は、世界的な「金余り」の状態にあり、米国の過剰な消費ブームを支えたのは世界から集まった投機マネーであった。

二一世紀に入ってＩＴバブルは崩壊したが、巨額のマネーはその後、住宅市場へと向かった。米国では、持ち家の取得が大衆にとっての夢であり、ブッシュ政権は、中南米からの大量の移民を対象に「アメリカン・ドリーム」を実現するための住宅政策を実施した。また、それまでは全期間固定金利タイプの住宅ローンが圧倒的に多かったが、この頃には新しいタイプのローン――最初は低い固定金利で、後に変動金利に切り替わるローンや、最初は金利だけ支払い、後から元金を返済するローン――も登場した。こうした新しい金融商品は、低所得者層にとって住宅ローンを組むことを容易にした。

一方、投資家にとっても、巨大な需要が見込まれる米国の住宅市場は魅力的な投資先であった。折しも、ＩＴバブルの崩壊や九・一一同時多発テロによって景気後退が懸念されるなかで、ＦＲＢは二〇〇一年から段階的に金融緩和を行った。金利の低下によって資金調達が容易になり、大量の資金が住宅ローン市場に流れ込んだ。

日本もそうした動きを加速させる一因となった。日本は貿易黒字国であっただけでなく、バブル崩壊後、超低金利政策をとっていたので、円資金を借りて投資すれば利鞘を稼ぐことができた（「円キャリー・トレード」）。金利の低い円資金がレバレッジの原理を働かせるのに役立ったのである。

こうして需要側と供給側の思惑が一致して、米国の住宅市場は二一世紀に入って急速に拡大した。二〇〇七年には、米国の住宅ローン市場の残高は、米国の名目ＧＤＰの七五・九パーセントに相当する約一〇・五兆ドルに達した（倉橋・小林、二〇〇八）。他のローン、株式、債券などを含めると、実物資産に対する請求権である金融資産の総額は、一九八〇年代頃までは世界のＧＤＰ（国内総生産）に対して釣り合いがとれていたが、金融危機の直前には世界のＧＤＰの四倍近くに達した。こうして金融経済が実体経済を遙かに凌駕する規模に拡大し、信用バブルが形成されたのである（Morris, 2008＝2008）。

ＦＲＢは、景気の過熱を抑えるために二〇〇四年から段階的に市場金利を引き上げたが、この措置は、固定金利から変動金利に移行する時期と重なったために、ローンの延滞や返済不履行の可能性を高めた。さらに、それに追い打ちをかけたのが、戦後一貫して上昇し続けてきた住宅価格の下落であった。それに伴い、金融機関の審査が厳しくなり、住宅の借り換えによってローンを返済する道が閉ざされてしまった。

住宅ローンのなかで、延滞や返済不履行の確率が高い顧客に対するローンを「サブプライム・ローン」と呼ぶが、二〇〇六年頃からサブプライムの変動金利タイプの延滞率が急上昇した。住宅ローンの延滞増加は、サブプライム関連商品の価格下落、そして金融機関・投資ファンドの損失を招き、株式市場を冷え込ませたことによって信用不安を拡大させた。その結果、住宅ローンの延滞がいっそう増加し、悪循環に陥った。つまり、それまで住宅バブルの形成を促進したポジティブ・フィードバックが逆向きに回転し始めたのである。これが二〇〇七年に起こった「サブプライム問題」である。

世界的金融危機が意味するもの

しかし、サブプライム問題の発生は危機の序章にすぎなかった。この問題は、当初は米国の国内問題にすぎないと思われていたが、その影響は即座に全世界に波及した。二〇〇七年八月にはフランス最大手の預金金融機関であるパリバ銀行が傘下のファンドの解約を凍結したことから、欧州でも信用不安が広がった（パリバ・ショック）。同年九月にはイギリスの住宅ローン業界五位のノーザン・ロックでも取り付け騒ぎが起こった。そして、二〇〇八年九月に米国投資銀行第四位のリーマンブラザーズが倒産したのをきっかけに（リーマン・ショック）、米国の投資銀行が次々と経営破綻に追い込まれた。世界の株式市場で同時暴落が繰り返され、実体経済にも甚大な影響が出た。ＩＭＦは、金融機関全体の損失見込額を〇七年九月の時点では二〇〇〇億ドル（約二二兆円）としたが、〇九年一月には二兆二〇〇〇億ドル（約一九六兆円）に変更した（井村、二〇一〇）。

このように二〇〇八年の世界的金融危機も、政府の金融政策の変更、資金の借入によるレバレッジの原理、ポジティブ・フィードバックなど、過去の金融恐慌を発生させたのと同じメカニズムに従っており、信用膨張の末の劇的な信用収縮として起こっている。しかし同時に、そこには今回の出来事に特有な要因も含まれている。世界的金融危機は、金融市場におけるリスク管理の失敗を露呈させたとはいえ、危機の原因はリスク管理の未発達さにあるのではない。現代の金融経済を特徴づけているのは、むしろリスク管理の発達にある。結論からいえば、世界的金融危機は、リスク軽減のために開発された仕組みがリスクの増大を招くという逆説的な帰結として生じたのである。そして、貨幣の変容も金融市場におけるリスク問題と関連している。

2 リスク社会の金融

リスク社会

一九世紀の「産業社会」に対置して、二〇世紀の社会を「リスク社会」と位置づけたのは、ドイツの社会学者U・ベックであった（Beck, 1986＝1998）。一九世紀の産業社会もすでにリスク社会であったが、ベックが重視したのは、科学技術の発達に起因する二〇世紀的なリスクであった。科学技術の発達は、人間が自然の力を合目的的に利用する可能性を拡張した反面、意図せざる結果として人間社会や自然環境に対して甚大な損害を与える危険性を孕んでいる。二〇〇八年の世界的金融危機も、二〇一一年の東日本大震災に伴う福島第一原子力発電所事故も、その点では共通している。

現代社会はリスク社会であるが、リスク社会というのは、単に大きなリスクを孕んだ社会のことではない。そうではなく、社会が抱える問題をリスクとして捉え、それに対処する仕組みを内包した社会を意味する。現代社会はさまざまな分野でリスク管理の仕組みを発達させてきたが、それが最も進んだ分野が金融である。世界的金融危機は、リスクを減少させる仕組みを最も発達させた金融市場のなかで起こった出来事であり、リスク社会としての現代社会が抱える問題の象徴的な事例なのである。

金融リスクと金融工学

一九八〇年代以降、金融の分野ではリスクが増大した。固定相場制が変動相場制へ移行した結果、通貨の交換に伴う「為替リスク」が増大したが、それだけではない。たとえば、金利の決定は、それまで中央銀行が定めた公定歩合をもとにして決められていたが、規制緩和によって各銀行の自由裁量に委ねられるようになった。金利の自由化は、金利の変動に起因する「金利リスク」を高めた。さらに経済のグローバル化によって、さまざまな財の価格が国際市場の影響を受け、財の価格変動によって損害が発生する「価格変動リスク」も高まった。

為替リスク、金利リスク、価格変動リスクはいずれも、市場環境の変動によってもたらされる「市場リスク」であるが、リスクには、さらに債務者の延滞や債務不履行によって起こるリスクすなわち「信用リスク」がある。一九七〇年代以降、「証券化」が進み、直接金融における信用取引が大幅に拡張されたが、それによって信用リスクも増大した。

証券会社（米国の投資銀行）が携わる直接金融と銀行が携わる間接金融では、リスク管理においいても違いがある。銀行は、最終的な貸し手から得た資金を最終的な借り手に貸し出す際、最終的な借り手が発行した本源的証券を取得するので、銀行は、本源的証券の取得と同時に信用リスクを引き受ける。最終的な借り手が返済不履行に陥ることによって生ずる損害は、銀行が蒙ることになる。このことから、銀行は「資産変換機能」と「情報生産機能」という二つの機能を担っている。すなわち、小口の借り手から集めた短期預金を企業などに長期にわたって貸し出すとともに（資産変換機能）、返済不履行のリスクを軽減するために貸し手の評価・監査や借り手の信用リスクの分析・評価を行うのである（情報生産機能）。

銀行が産業資本主義の発展に大きく貢献したのは、銀行が資金を貸し手から借り手に移転させるだけでなく、リスク管理者として資金の流れをコントロールしてきたからである。資金の貸し手と借り手の間には、経済学でいう「情報の非対称性」が存在し、貸し手は借り手の経営状態を十分には把握できない。もし、個々の貸し手がそれぞれ借り手に関する情報を収集しようとすれば膨大な労力と時間がかかる。これに対して、銀行は情報生産機能を営む専門機関として、借り手に関する情報収集とリスク評価を一手に引き受ける。銀行が企業経営に対するモニタリング機能を果たしてきたのは、銀行が企業の営業リスクの一部を引き受けていたからである。

ところが、こうした間接金融の仕組みとは異なり、直接金融の場合には、リスクは資金の移転とともに最終的な借り手から最終的な貸し手に移る。証券会社ではなく、最終的な貸し手である一般の投資家が返済不履行のリスクを負うことになる。したがって、直接金融が発達するためには、銀行に代わるリスク管理機能が確立されなければならなかった。一九七〇年代以降、直接金融が証券化というかたちで飛躍的な発展を遂げたのは、信用リスクに対処する仕組みが開発されたからである。

C・R・モリスは、一九八〇年代から九〇年代にかけて起こった決定的な動きとして、「仕組み金融市場の誕生」「金融派生商品（デリバティブ）市場の大幅な拡大」「証券取引のコンピュータ化」を挙げている。モリスは、二〇〇八年の世界的金融危機について「この三つの動きがひとつにまとまって大規模な信用バブルが生まれ、いま、破裂している」（Morris, 2008＝2008: 17）と述べている。「証券取引のコンピュータ化」は「金融の情報化」に対応しているが、「仕組み金融」と「デリバティブ」はいずれも、「金融の自由化」によって増大した金融リスクに対処する仕組みとして開発されたものである。以下、順に説明しよう。

3　金融リスクへの対処

仕組み金融

かつて証券市場といえば、株式市場や債券市場を指していたが、今では住宅ローン、自動車ローン、リース債権、クレジットカード債権など、さまざまな資産が証券化されている。証券化への先鞭を付けたのが住宅ローンの証券化であった。一九七〇年代に、ジニーメイ、ファニーメイ、

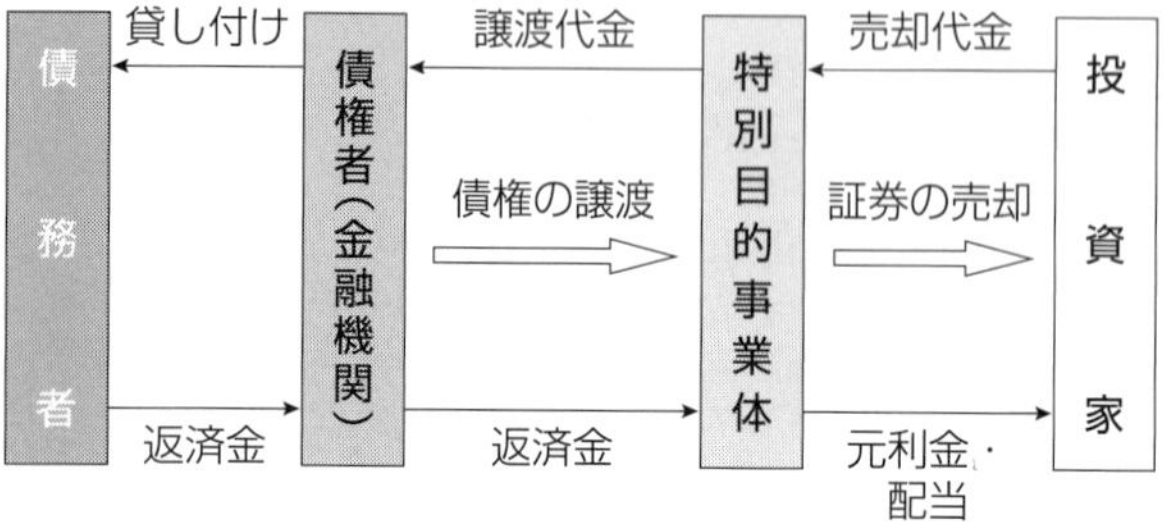

図６　債権の証券化の概念図
（出所）　大橋，2001, p. 23。

フレディマックといった米国の政府系金融機関が住宅ローンの証券化を実現して以来、証券化は急速な発展を遂げてきた。
証券化は、株式市場や債券市場と同様に、資金調達を容易にする方法であるが、同時にリスク管理機能を備えている。資産が資産の原保有者から切り離されるだけでなく、リスクの移転・分散が行われる。そして、証券化には「資産の証券化」と「証券の証券化（再証券化）」という二段階の証券化がある。

資産の証券化

「資産の証券化」とは、住宅ローン等の債権を買い集めた金融機関が将来その債権から生ずるキャッシュ・フロー（金銭的利益）を裏付けにして、証券を発行・売却して資金を得る方法である。資産の証券化の仕組みを示したのが図6である（大橋、二〇〇一）。
この場合、オリジネーター（資産の原保有者）となっているのは、債権を買い集めた金融機関であるが、金融機関は、証券化するために特別目的事業体を設立し、保有資産と債権を特別目的事業体に譲渡する。これによって、オフバランス（帳簿外化）され、資産とリスクがオリジネーターから切り離される。当該資産はオリジネーターの倒産リスクから守られ（「倒産隔離」）、信用力の源泉は当該資産そのものの価値に置かれる。つまり、オリジネーターの信用力が低くても、当該資産に価値があれば、買い手がつく可能性が生まれるのである。そして、特別目的事業体は、オリジネーターに譲渡代金を支払って手に入れた債権を担保にして証券を発行する。

こうして発行された証券のなかで、住宅ローンを担保にして発行された証券が「住宅ローン債権担保証券（Residential Mortgage-Backed Securities: RMBS）」である。ＲＭＢＳに対して、住宅ローン以外の債権を担保にした証券が「資産担保証券（Asset Backed Security: ABS）」である。住宅ローン債権も金融資産であることに変わりはないが、通常、ＡＢＳは、自動車ローン債権、リース債権、クレジットカード債権など、住宅ローン債権以外の金融資産を担保にした証券を指す。

特別目的事業体が発行したＲＭＢＳやＡＢＳは、最終的な貸し手である投資家に売却され、資産の債権は投資家に帰属される。この過程でリスクも投資家に移転する。その際、特別目的事業体はリスクの異なる多数の債権を集めたうえで（プーリング）、無数の小口証券に切り分ける。このプーリングによってリスクの分散が起こる。対象資産の生み出すキャッシュ・フローが証券の発行者を素通り（パススルー）してほぼそのまま投資家に回される証券を「パススルー証券」と呼ぶが、この単純な構造をもったパススルー証券においても、プーリングによってリスクの分散が起こる（大橋、二〇〇一）。

たとえば、二人の人間A・Bの返済不履行は独立の事象であるという前提のもとで、二人は返済確率五〇パーセントという同一の条件のもとでローンを借りたとする。AとBそれぞれの返済額は、満額になる確率が五〇パーセント、ゼロになる確率が五〇パーセントなので、半額になる確率はゼロパーセントになる。ところが、AとBのキャッシュ・フローをプールすると、満額になる確率が（1/2×1/2）×100＝二五パーセント、ゼロになる確率も（1/2×1/2）×100＝二五パーセントになる。したがって、半額になる確率は100－（25＋25）＝五〇パーセントとなる。「大数の法則」に従えば、多数のリスクをプールすれば、リスクの値は期待値に近づく。こうしてプーリングによってリスクの分散が起こるのである。

仕組み金融においては、さらに「信用補完」として、対象資産の信頼性を維持し、債務履行の可能性を高める措置が施されている。「信用補完」には「内部補完」と「外部補完」があるが、内部補完の一つが「優先劣後構造」と呼ばれる方法である。住宅ローンでいえば、数百～数千件のRMBSをプールしたものが、①高格付けの部分（シニア）、②中格付けの部分（メザニン）、③無格付けの部分（エクイティ）という三つの部分（トランシェ）に分割される。そして、配当は、格付けの高いトランシェから順に支払われ、逆に、ローンの焦げ付きが起こったときの損失は、格付けの低いトランシェから引き受ける。

損失を好き好んで引き受ける者はいないが、それにもかかわらず、リスクが移転可能になるのは、リスクと収益が結びつけられているからである。つまり、「ハイリスク・ハイリターン／ローリスク・ローリターン」の原則が適用され、低リスクのシニアは低利回り、中リスクのメザニンは中利回り、高リスクのエクイティは高利回りとなる。リスクと収益の相関関係が確立されたことによって、投資家の投資志向に対応した選択がなされる。リスクを冒してでも高い収益を期待する投資家はエクイティを選べばよいし、反対に安全な投資を望む投資家はシニアを選べばよい。こうしてキャッシュ・フローの支払いに優先順位を付けて証券化商品の信用力を高めようとしたのが優先劣後構造である。

証券の証券化（再証券化）

証券化には、さらに「証券の証券化（再証券化）」がある。その原理は基本的に同じだが、「資産の証券化」と違って、「資産の証券化」によって組成された証券が再び証券化の対象となる。債権の証券化によって組成された証券化商品（RMBSやABSなど）から生まれるキャッシュ・フローが裏付けとなって新たな証券が組成される。この過程にもプーリング技術と優先劣後構造が組み込まれている。RMBSやABSなどの証券が大量に集められたうえで、再び格付け＝リスク度の異なるトランシェに切り分けられる。こうして新たに組成された証券が「債務担保証券（Collateralized Debt Obligation: CDO）」である。証券の利回りはリスク度に応じて設定されるので、高いリスクを引き受ける投資家ほど、より多くの金銭的利益を得る可能性――逆に失敗すれば、より大きな損失を蒙る可能性――をもつことになる。

一九九〇年代にCDOが開発されたのは、中格付けのメザニンが売れ残る傾向にあったからである。シニアが安全な投資、エクイティが高収益という明確なメリットをもっているのに対して、メザニンは中途半端であった。そこで、大量のメザニンを再び集めて新しい証券が組成された。「大数の法則」に従えば、多数のリスクをプールすればリスクを期待値に近づけられるので、プーリングはリスク度を全体として低くする効果をもっている。メザニンから組成された証券は、再びシニア・メザニン・エクイティに切り分けられるが、高いリスクをより低いリスクの証券に混入させることによって、以前よりも格付けの高い証券が組成されたのである。

その結果、CDOの総体は、原証券の購入価格総額よりも高い価値をもった証券に仕立てられ、その差額はCDOを発行した金融機関の収益となった（井村、二〇一〇）。一次CDOを組成できるのは、高度な金融技術と巨大な資金力・組織力を有する米国の大手投資銀行や商業銀行（投資部門、傘下機関）に限られたので、CDOの開発は米国の金融力を著しく高めた。

またCDOを組成するための対象資産となった原証券には、住宅ローン債権担保証券（RMBS）だけでなく、自動車ローン債権やクレジット債権等を担保にした資産担保証券（ABS）も含まれ、二次CDO、三次CDO……と、いく段階もの再証券化が行われた。各国の金融機関は、米国の金融機関から購入した各種の（一次）CDOにRMBS、ABS、社債、国債等を加えて

ＣＤＯを組成したので、リスクは、そのリスクが本来内在していた資産や証券とはまったく無関係な証券にまで混入するようになった。

こうしたリスク管理機能を組み込むことによって、資金調達の可能性を拡大した証券市場が仕組み金融市場である。二一世紀の米国における住宅ローンの拡大のなかでも特に顕著であったのがサブプライム・ローンであるが、サブプライム・ローンの拡大を促進したのがＣＤＯである。サブプライム・ローンは、二〇〇一年には住宅ローン全体の五パーセントにすぎなかったが、二〇〇六年には二〇パーセント以上にまで達した（藤井、二〇〇九）。

デリバティブ

ＣＤＯと並んで、世界的金融危機の発生に深く関与した、もう一つの金融工学的な要因が「クレジット・デフォルト・スワップ（Credit default swap: CDS）」である。ＣＤＳはデリバティブの一種である。

デリバティブは「金融派生商品」と訳されるが、これは、金融資産に内在するリスクを加工・分解して、それに価格を付けて取引する技術である。デリバティブの場合にも、リスク・ヘッジャーとリスク・テーカーの間で貨幣的取引が行われ、それによってリスクの移転が起こる（可児・雪上、二〇一二）。ただし、証券化が金融資産とリスクを一緒に移転させるのに対して、デリバティブはリスクだけを移転させる。「デリバティブ（金融派生商品）」という名称は、金融資産そのものの取引ではなく、そこから派生した取引であることに由来している。

デリバティブには「先物」「スワップ」「オプション」があるが、これらは、一九八〇年代以降の社会変化に伴って増大した市場リスク――価格変動リスク、為替リスク、金利リスク――を軽減するための技術として開発された。

先物取引というのは、将来の時点で売買する資産（商品や証券）の価格を現時点で決めておく取引のことである。先物取引では、期日を迎えたとき、契約した価格で資産の取引を行う義務がある。これに対して、オプション取引では、将来の特定期日もしくは期間内であらかじめ決めておいた価格で資産を売ったり買ったりする権利が売買される。オプションの買い手は、「プレミアム」と呼ばれる代金を支払って売買の権利を買うので、あらかじめ決めておいた価格が自分の利益をもたらす水準にあれば、権利を行使するが、期待した水準に達していなければ権利を放棄すればよい。ただし、買い手が権利を行使したとき、売り手はそれに応ずる義務がある。先物取引とオプション取引は、いずれも価格変動リスクに対処する手段になっている。

一方、為替リスクや金利リスクに対処する手段となるのがスワップ取引である。スワップ取引は、通貨、金利、債権・債務など、さまざまキャッシュ・フローを将来の一定期間にわたって交換する取引である。ドル建ての債務と円建ての債務を交換するように、異なった通貨建ての債務を交換するのが「通貨スワップ」、固定金利債務と変動金利債務を交換するように、異なる金利方式の債務を交換するのが「金利スワップ」である。

そして、通貨スワップや金利スワップに遅れて登場してきたのが問題のCDSである。CDSは、信用リスクを取引対象とするデリバティブである。CDSの場合には、信用リスクと信用リスクの引受料にあたるプレミアムが交換（スワップ）され、それによって信用リスクが移転する。貸出債権・社債の保有者やRMBS・CDOの発行体・運用機関は、相手方が返済延期や債務不履行に陥ることによって損害を蒙る可能性をもっている。たとえば、金融機関が企業に対して資金を貸し出せば、貸出債権には信用リスクが伴う。

このようなとき、デリバティブの対象となる債務を「参照債務」、参照債務に内在する信用リスクを抱えた主体――先の例では企業――を「参照組織」、そして信用リスクを回避することを「プロテクション」と呼ぶ。CDS取引では、信用リスクを回避したい者が一定のプレミアムを支払ってCDSを買う。これによって、リスクだけがプロテクションの買い手から売り手に移転する。もし、参照組織に債務不履行のようなクレジット・イベントが発生すれば、参照組織に代わってCDSの売り手が買い手に対して元利金（もしくはその一部）に相当する補償金を支払う。そして、クレジット・イベントが発生しなければ、プレミアム収入がそのまま売り手の利益になる。こうしてCDSの買い手と売り手の間でリスク回避と金銭的収益との交換がなされるようになった。

CDSは信用リスクに対する保険の役割を果たすので、CDOを購入した多くの投資家がCDSを利用した。さらにCDOには、「シンセティックCDO（合成債務担保保証券）」という、CDS

を担保にして発行されたCDOも開発された。多数のCDSをプールして組成されるので、複数の参照組織の信用リスクが売買されることになった。保険の役割を果たすはずのCDSがCDOに加わったことによって、CDOの組成・販売とCDS取引は、相乗効果を及ぼしながら拡大していった。世界のCDS取引総額（「想定元本」残高ベース）は、二〇〇一年度から〇七年度までの数年間で六〇倍以上に伸びたのである。

4　リスク評価と現代貨幣

リスク評価

仕組み金融（証券化）においては、金融資産とリスクが一緒に移転するのに対して、デリバティブにおいては、金融資産から分離されたリスクだけが移転するという違いはあるが、どちらの場合にも、リスク評価を前提にしている。金融市場の発展を支えていたのは、リスク評価技術の発達であったといっても過言ではない。

現在、金融取引のさまざまな過程でリスク評価が行われている。まず、ローンを借りる際にはローンの返済能力が評価される。米国では、性別や人種に基づいて融資を拒絶することが法的に禁じられていることから、個人の経済的な信用力を評価するモデルが開発された。個人の信用力の尺度として広く使われているのは、「FICO（ファイコ）」と呼ばれるスコアリング・モデルであり、ローン返済遅延などの信用履歴、借入残高、借入内容などを基にして個人の信用力を数値化している。FICOスコアは三〇〇〜八五〇の幅をもち、サブプライムというのは六二〇点以下——金融機関によっては六六〇点以下——の者を指している（倉橋・小林、二〇〇八）。

また、信用補完には優先劣後構造のような「内部信用補完」のほかに、格付けや保険といった「外部信用補完」がある。どちらの信用補完もリスク評価を基礎にしている。RMBS、ABS、CDOの格付けにもリスク評価が必要であり、その業務を担当したのが、ムーディーズ、スタンダード・アンド・プアーズ、フィッチといった格付け会社である。格付けは、一九〇九年、J・ムーディがアルファベットの格付け記号を鉄道債券に与えたのを機に始まった。格付けの対象はその後、市場の成長とともに拡大し、社債・地方債・国債・証券化商品にまで及んだ。特に二一世紀における証券化の進展と並行して、証券化商品に対する格付けの需要が爆発的に増大した。たとえば、二〇〇〇年に上場したムーディーズの手数料収入は、二〇〇〇年から二〇〇七年までの間に約三倍に増加した。

格付けの目的は、信用リスクの評価手段として、投資家の情報生産コストを軽減し、投資家と発行体における情報の非対称性を緩和することにある（森田、二〇一〇）。信用リスクを評価するには膨大な情報を収集し、それを分析するための高度な情報処理が必要となる。社債の格付けを例にとるならば、まず企業のファンダメンタルズが分析され、企業の経済活動によって生成されるキャッシュ・フローが算定される。発行体の事業ポートフォリオ、市場地位、ブランド力、研究開発能力、コスト競争力、顧客・調達先との関係、経営・財務戦略、企業統治、労使関係、企業構造といった「発行体固有の要因」をはじめ、発行体を取り巻く市場・業界構造、需給構造、価格構造、コスト構造のような「業界内要因」、さらには、発行体の活動基盤となっている国家の政治環境、経済環境、社会構造、法体系、商慣行、消費者の嗜好・価値観といった「業界外要因」も考慮に入れられる。それらのデータをもとに経営陣のリスク対応能力を加味しつつ、将来の発行体のパフォーマンスやキャッシュ・フローが算定される。そして、発行体のキャッシュフロー生成能力と債務支払い能力が数値化されることによってリスク度が評価されるのである。

証券化商品に対する格付けは、企業や国家のような伝統的な発行体に対する格付けとは異なるが、その格付け対象から将来生成されるキャッシュ・フローすなわち現金の流れが分析されるという点では基本的に同じである。支出と収入をもたらす要因を特定し、それぞれの要因に規定された支出や収入を計算することによって債務の返済確率を割り出すのである。そこでは、格付け対象に関するすべての情報が支出と収入という二項対立的な値をもった金銭的情報に還元され、支出と収入の差額である金銭的損失（収益）の可能性が評価される。格付けというのは、格付け対象にかかわる一切の情報を支出・収入という金銭的情報に還元しつつ、そこからクレジット・イベント（債務履行に支障をきたすような出来事）が発生する確率を算定する技術を指している。

したがって、リスク評価は、世界に散在している膨大な情報を収集し、それを瞬時に分析する情報処理の技術と能力を必要としている。これをもとにして証券化商品（ＲＭＢＳ・ＡＢＳ・ＣＤ

Oなど）の組成やデリバティブ（CDSなど）の発行が行われる。このような情報処理の技法を確立したのが金融工学であり、それを実現させたのが金融の情報化である。グローバルな規模で張り巡らされたコンピュータ・ネットワークは世界中に散在する金融情報の収集・蓄積を可能にし、コンピュータは、金融工学が開発したプログラムに依拠して膨大な情報の解析を可能にした。モリスのいう「証券取引のコンピュータ化」とは、このような金融の情報化を指していたのである。

リスク尺度としての貨幣

二〇〇八年の世界的金融危機には、仕組み金融の形成、デリバティブの発展、リスク評価の発達という、金融経済の発展をもたらした三つの要因がかかわっているが、そこにはもう一つ大きな要因が関与している。それが、三者の結節点をなす貨幣の変容である。

仕組み金融とデリバティブはリスク評価を必要としているが、リスク評価がなされるだけでは、どちらもリスク・ヘッジの役目を果たすことはできない。金融市場では、リスクの軽減といっても、リスクが市場から排除されるわけではなく、リスクが移転（分散）するだけである（野口、二〇〇〇）。

金融市場のなかでリスクの移転は、リスク・ヘッジャーとリスク・テーカーの間の貨幣的取引によって実現される。リスクと貨幣の交換は、「ハイリスク・ハイリターン／ローリスク・ローリターン」の原則に従っており、投資家がリスクを引き受けるのは、リスクと引き替えに金銭的収益が見込まれるからである。優先劣後構造では、低リスクのシニアは低利回り、中リスクのメザニンは中利回り、高リスクのエクイティは高利回りとなり、ＣＤＳのようなデリバティブ取引の場合にも、リスクの度合いが大きいほど、信用リスクの引受料としてのプレミアムも高くなる。こうしたリスクと金銭的収益の相関関係のもとで、貨幣はリスクの評価尺度となった。リスクを評価・移転・分散させる技術とリスク評価尺度としての貨幣が結びついたことによって、仕組み金融やデリバティブが機能するのである。

第３章の原始貨幣に関する考察から導き出されたのは、①貨幣が自らに対する信用＝信仰を基礎にしていること、そして②計算不可能なものを計算可能にすることによって異質な世界を媒介するということであった。いかなる貨幣も、世界に内在する多様な情報を数量的情報に還元する働きをもっている。産業資本主義のもとでもそうした貨幣の働きが失われたわけではなかった。貨幣の本質は非数量的情報を数量化するという情報処理の形式にあり、そこにどのような内容が盛り込まれるかは、貨幣が機能する条件によって変化する。

マルクス経済学によれば、貨幣が商品の交換媒体として機能しうるのは、異なる商品の使用価値がいずれも人間の社会的労働によって創り出されたものであり、その社会的・平均的な労働時間に規定された価値を、貨幣が価格という近似的な値で表現するからである。これに対して、金融市場のなかで機能している貨幣は、そのような人間労働という実体的な共通性を基礎にして商品交換を媒介しているのではない。リスク評価尺度となった貨幣は、金銭的価値とリスクを、そして究極的には、商品によって構成された実物世界とリスクとして表現される情報世界を媒介している。

金融市場のなかで資金の流れは、必要な所に資金を配分するというかたちで実体経済に対するコントロール機能を担っているが、リスク管理をつうじて、現代の金融市場はそうしたコントロール機能に対するコントロール機能すなわちメタ・コントロール機能を獲得した。証券化が発達したのは、金融市場のリスク・ヘッジをつうじて資金調達の可能性を拡大したからである。貨幣はいまや、商品交換媒体として需要と供給の関係を調整し、実体経済の動きをコントロールしているだけではない。金銭的価値とリスクを媒介することによって資金の流れに対するコントロール機能をも担っている。

このような貨幣のリスク機能は、萌芽的には古くからあったとはいえ、二〇世紀における金融工学の発達と情報化の進展が新たな道を切り拓いた。金融工学は、金融リスクを評価し分散させる手法を開発し、現代の情報技術は、世界から集まる膨大な金融情報を瞬時に処理することを可能にした。

現代の情報技術の核心をなしているのはデジタル技術であるが、「デジタル」の語源が「指で数える」という意味にあるように、「デジタル」は数値のような非連続量を表している。コンピュータが処理しているのは、「0／1」「電気的なオン／オフ」という二進法的なデジタル信号である。コンピュータは当初、「高度な計算機」として数量的情報しか処理できなかったが、デジタル技術の発達によって、文字だけでなく、音声、映像のようなアナログ情報（連続量）までもデジタル信号に変換されるようになった。こうしたデジタル技術とネットワーク技術の発達によって、世界に散在する無数の情報の収集・蓄積・処理が可能になり、世界を可視化する可能性が一挙に高まった。

デジタル技術の本質が数量化に基づく計算可能性にあるとすれば、貨幣は、原始貨幣の段階から計算不可能（不可視）なものを計算可能（可視的）にしてきた点で最古のデジタル技術である。貨幣は、自らに対する信用＝信仰のもとで、本来数量化できないものを数量化してきたが、今や現代の情報技術の助けを借りることによって、貨幣の媒介機能が拡張された。現代の金融市場のなかで起こった変化は、最古のデジタル技術と最新のデジタル技術が結びついた帰結なのである。

5　金融資本主義再考

リスク・ヘッジの逆説

これまで述べてきたように、証券化が新たな資金調達への道を切り開いたのは、リスク管理機能を発達させたからである。しかし、その意図とは裏腹に、リスク・ヘッジの仕組みは世界的金融危機を招いた。危機の原因に関しては、これまでＦＲＢの金融引き締め政策の誤り、住宅ブローカーの無責任なローン貸付、格付け会社の甘いリスク評価等々が指摘されてきたが、リスク・

ヘッジの仕組みそれ自体にリスクが潜んでいたことは否定できない。リスク・ヘッジの仕組みは、次に述べる三つの意味で逆説的な結果をもたらした。

まず第一に、金融工学は、高度な数学的手法を駆使してリスク管理の仕組みを開発したが、その際、リスク評価・リスク分散の手法は、リスクの独立性という特別な前提を置いていた。金融工学が開発した債権や証券のプーリングは「大数の法則」に依拠しており、リスクの発生が独立事象であること、すなわち金融市場のなかで人々が相互独立に振る舞っていることを前提にしている。

しかし前章で説明したように、市場には、貨幣を媒介にして商品交換が行われる表層構造と、貨幣を貨幣たらしめている深層構造があり、前者のレベルでは、人々の選択行動の独立性が維持されるものの、後者のレベルでは、人々は同調的・共振的な振る舞いをしている。しかも、金融市場では、貨幣への信用と貨幣による商品交換が地続きになっているために、深層構造の表層化が起こりやすい。信用バブルの膨張と崩壊は、市場のなかで通常維持されている人々の多様な志向性が失われ、他者への同調的な振る舞いを強化するポジティブ・フィードバックが働くことに由来している。人々の選択が相互独立ではないからこそ、深層構造の表層化をつうじて金融危機が起こるのである。

ところが、金融工学が開発したリスク・ヘッジのモデルは、リスクの独立性を仮定することによって深層構造が表層化する可能性を最初から排除している。つまり、金融工学によるリスク・

ヘッジは、金融危機が起こらない日常的状況のなかでのみ有効なのである。そこにこのリスク・ヘッジの限界が潜んでいる。

現代貨幣は、金融工学や情報技術といった、現代の科学や技術に支えられている点で原始貨幣と比べて一見合理的にみえるが、その手法は、人々の選択の独立性、言い換えればリスクの発生の独立性という架空の前提のもとで成り立っている以上、現代貨幣も計算不可能なリスクを科学的な手続きのみで計算可能にしているわけではない。その欠落部分を埋めているのは、貨幣に対する人々の信用＝信仰である。

第二に、従来とは異なる意味でのレバレッジの原理が働いた。過去の金融恐慌に繰り返し現れたレバレッジは負債の論理に基づいていた。資金を、投資による利回りよりも低い利率で借りられれば、借り入れた資金を使って巨額の利益をあげられる。この伝統的な手法は、超低金利の円を投機資金にあてる円キャリー・トレードのように、今回の金融危機にも使われていた。しかし、レバレッジをきかす方法は、負債という古典的な方法だけではなかった。

金融工学が編み出したデリバティブは、僅かな元手を使って巨額の資金を動かすことができるので、それ自身のうちにレバレッジの原理を内包している。たとえば、貸出債権や社債等に内在する信用リスクとプレミアムが交換されるＣＤＳにおいては、プレミアムの支払いに必要な資金があれば、貸出債権や社債を購入したのと同じ効果が得られる。そのため、リスク・ヘッジを目的として開発されたデリバティブは、結果的には投機手段に使われた。デリバティブは、取引に成功すれば巨額の利益を生むが、取引に失敗すれば巨額の喪失をもたらすので、デリバティブ自体が信用経済の膨張と崩壊を招く一因となった。

そして第三に、仕組み金融市場の形成に多大な貢献をしたリスクの分散は、リスクの拡散でもあった。サブプライム問題が米国の国内問題であったにもかかわらず、世界的金融危機を誘発するきっかけとなったのは、仕組み金融市場の形成によって、サブプライム・ローンに内在するリスクが国際金融市場のなかで流通する無数の金融商品に紛れ込んでいたからである。リスクが潜在化している間は、深層構造の表層化が起こらずに済んでいたが、金融恐慌が起こるのは、そもそも深層構造が表層化し、貨幣の信認をめぐるポジティブ・フィードバックが働くからである。サブプライム・ローンに内在するリスクは国際的な規模で拡散していただけに、ひとたび顕在化すると、深層構造の表層化もいっそう劇的なかたちで現れた。サブプライム問題が発生したとき、リスクの拡散がどこまで進んでいたかは、もはや誰にも分からないほど進行していた。このことが人々の不安をいっそう掻き立て、証券化商品を現金化する人々の同調的な行動を加速させた。こうして、負の連鎖はこれまでにない速さで世界中に広がったのである。

金融のガバナンス／社会のガバナンス

ところで、証券化は意図せざる結果を招いたとはいえ、金融リスクを減少させる仕組みを組み込むことによって、金融市場の新しいガバナンスが構築された。リスク管理は単なる技術の問題ではない。リスク管理は、「誰にとってのリスクなのか」「誰のためのリスク・ヘッジなのか」「リスク管理を行うのは誰なのか」という問題を含んでおり、社会的統治の問題としてある。

間接金融と違って、直接金融の場合には、投資家がリスクを引き受けるので、直接金融を発展させるためには、投資家が自らの判断のもとに金融取引を行えるような仕組みを構築しなければならない。そうした課題に応えるために開発されたのが、金融リスクを評価・移転・分散させる仕組みであった。金融リスクは格付け会社によって評価されるので、証券化の仕組みは、人々の投資行動に絶大な影響を及ぼす格付け会社の「金融権力」(Orléan, 1999＝2001) に依存している。ただし、金融権力は、投資家に対して命令を下すような権力ではない。格付け会社は、第三者的な立場から投資家の選択を助けるための格付け情報を提供しているにすぎない。しかし、その間接的効果として投資家の行動を誘導する。格付けはその意味で権力作用を帯びている。

このように現代の金融資本主義は、金融権力によるリスク評価に依拠しながら、投資家の自律的な投資行動を基礎にしたガバナンス体制を構築したが、この変化は、現代社会のなかで進行している統治構造の変化と呼応している。

新自由主義が台頭した一九八〇年代以降、「ガバメントからガバナンスへ」と呼ばれる変化が起こっている。一般に、「ガバメント」は政府による上からの統治、「ガバナンス」は多様なアクターによる水平的な統治と理解されている。この理解はやや正確さを欠いているが、統治形態に変化が起こっていることは間違いない。ガバメントからガバナンスへの移行と新自由主義の浸透は同時期に進行しただけでなく，福祉国家にみられた「政府の失敗」に対処する新しい流れであるという点で軌を一にしている。

最初にガバナンス改革が行われたのは行政の分野であり，パブリック・ガバナンスの構築は，政府や自治体に企業経営の論理を浸透させる新公共管理の確立として進められた。行政の効率化をめざして企業の統治原理が導入されたのである。その後，ガバナンスは行政以外の領域へと拡張され，今では「環境ガバナンス」「大学ガバナンス」「ローカル・ガバナンス」「グローバル・ガバナンス」など，多様なガバナンスが誕生した。一口に「ガバナンス」といっても多様な形態が含まれるが，ガバナンス改革のモデル的な役割を果たしたのは「コーポレート・ガバナンス」である。経済システム（金融市場）のなかで確立されたガバナンスと，現代社会のなかで構築されようとしているガバナンスの間には一定の共通点があるが，その結節点となるのがコーポレート・ガバナンスである。そこで，コーポレート・ガバナンスについて一瞥を与えておこう。

コーポレート・ガバナンス

コーポレート・ガバナンスは，日本では「会社は従業員のものである」という企業観のもとで論じられることもあるが，欧米では「会社は株主のものである」という企業観に立脚している。というのも，コーポレート・ガバナンスを構築するきっかけとなったのは，二〇世紀初頭に生じた「所有と経営の分離」であったからである。二〇世紀に入ると，企業の規模が拡大し，資本が株式市場を介して調達されるようになった結果、所有と経営の分離が起こった。

企業の所有者となったのは株主であるが、株主と経営者の間には「情報の非対称性」が存在する。株主は、経営者ほど企業に関する情報をもっていない。そのため、経営者は株主の期待を裏切ったり、社会的倫理に反する行為を行ったりする可能性がある。このような「モラルハザード」に対処するために生まれたのがコーポレート・ガバナンスである。したがって、コーポレート・ガバナンスは、企業倫理や企業効率を実現するために株主が経営者をコントロールする仕組みを意味しており、次に述べる三つの構成要素から成り立っている。

第一に、「株主と経営者」は「本人（プリンシプル）と代理人（エージェント）」の関係にある。そこには、本人と代理人が水平的な関係にありつつも一定のコントロールが働くという二重の関係が含まれている。

まず、株式市場を介して結びついている株主と経営者は、ともに自律的なアクターとして存在する。官僚制組織が意思決定の権限をトップに集中させ、垂直的な統治が行われる集権的システムであるのに対して、競争的市場は、意思決定の権限が多数のアクターに分散されている分権的システムである。株主は、基本的に株式市場への参加をとおして経営者と繋がっている点で水平的な関係にある。

とはいえ、経営者は、企業経営に必要な権限を株主から委託された代理人として、本人の期待に沿うように振る舞わねばならない。株主は、株主総会をとおして決算承認や配当決議を行うだけでなく、株主総会で株主代表として選出した社外取締役を取締役会に送り込むことができる。企業の所有者である株主は、あらゆる権限を経営者に委託したのではなく、経営者を舵取りする権限を有している。

こうして株主と経営者は、株主が業務の執行を経営者に委託しつつ経営者の舵取りを行うという二重の関係性として成立する。「コントロール」という概念は、それ自体がコントロールする者とされる者の垂直的な関係を連想させるが、「本人／代理人」関係に内在するコントロールは水平的関係のなかで作用する。ネットワークは、分権的な競争的市場と集権的な官僚制組織の中間形態といわれているが、株式市場と株主総会・取締役会をとおして結びつく株主と経営者の関係も、競争的市場と官僚制組織の中間的な位置を占めている。

そして、「本人／代理人」関係をなしているのは、株主と経営者だけではない。一九八〇年代以降、官僚制組織からネットワーク組織への移行が進むなかで、この関係は組織内部にも浸透してきている。組織内の権限が下方移譲され、労働者が自律的に振る舞う余地が拡大された反面、労働者は、成果主義や業績主義の導入によって相互の競争的関係のなかで業績主義的評価をつうじてコントロールされるようになった。株主と経営者、経営者と労働者の間に「本人／代理人」関係の連鎖的な構造が形成されると、「本人／代理人」関係は、文字通り企業全体を統治する仕組みとなる。実際、経済学では、コーポレート・ガバナンスを「本人／代理人」関係として把握する「プリンシパル／エージェント」理論が有力な理論となっている。

第二に、本人と代理人の間には、本人が代理人に対して責任を問い（問責）、代理人が責任に答える（答責）という「責任の応答性」が成り立っている。

株主が経営者に期待しているのは、経営者がモラルハザードを起こさないように公正な手続きに従って企業を経営すること、そして高い株価と配当を達成しうるように絶えず短期的収益をあげることである。株主は、経営者が代理人としての責任を果たしている否かをチェックするが、こうした監視・評価をつうじて経営者をコントロールする。

一方、経営者は、自らに課せられた責任を果たしていることを株主に対して説明する必要がある。それが「アカウンタビリティ」である。「アカウンタビリティ」という言葉は、「アカウンティング（会計）」と「レスポンシビリティ（責任）」の合成語であり、会計責任を意味している。日本語では「説明責任」と訳されることが多いが、単なる「説明責任」を指しているのではない。経営者が株主の代理人であるとすれば、説明する以前に、代理人としての責任を全うしなければならない。経営者のアカウンタビリティには、経営責任と説明責任が含まれるのである。

そして第三に、代理人に対する本人のコントロール手段の一つとなっているのが貨幣である。会計監査は、企業倫理の遵守と企業効率の実現というコーポレート・ガバナンスの目的を達成するための不可欠の手続きであり、経営者に対する株主のコントロールの基礎をなしている。

会計監査をつうじて、株主は、「企業が公正な経営を行っているか否か」、そして「どれだけの収益をあげているか」を知ることができる。そのうえで、株主は金銭的手段を用いて経営者をコントロールする。たとえば、取締役会には、株主の代表として選出された社外取締役が加わっているが、取締役会は、経営者報酬を会社業績や株価に連動させることによって、経営者の目的を株主の目的に合わせることができる（小佐野、二〇〇一）。また、有事の際には、株式市場を利用して経営者にシグナルを送ることもできる。株を売って株価を下げれば、信用も下がるので、経営者は銀行から資金調達が困難になる。さらに、株価総額が企業の実体資産価値よりも低下すると、企業の敵対買収の脅威にさらされる。こうして、株主は経営者に対してプレッシャーをかけられる（菊澤、二〇〇八）。

コーポレート・ガバナンスの拡張

このようにコーポレート・ガバナンスは、①「本人／代理人」関係、②責任の応答性、③コントロール手段としての貨幣、という三つの要素から成り立っている。一九八〇年代以降、ガバナンスは、コーポレート・ガバナンスに内在する三つの要素の拡張をつうじて——ただし、その仕方は三つの要素すべてを伴うとは限らず、ある要素は継承されつつ他の要素は排除されるといった非相関的な仕方で——構築されてきた。

まず第一に、「本人／代理人」関係の拡張には「領域的拡張」と「機能的拡張」がある。領域的拡張として、非企業組織や非経済領域にまで「本人／代理人」関係が拡張されてきた。たとえば、パブリック・ガバナンスにおいては、行政の効率化をはかるために、これまで政府や自治体が担ってきた社会的機能（たとえば、社会福祉）が企業に委託され、政府・自治体と企業の間に「本人／代理人」関係が形成された。また、グローバル・ガバナンスにおいては、世界銀行が発展途上国に対して規制緩和や民営化を資金の受け入れ条件として資金援助を行ってきたが、このとき世界銀行と発展途上国の間に「本人／代理人」関係が形成された。

また機能的拡張としては、「本人／代理人」関係に内在する二つの側面のうち、いずれの側面に重きを置くのかによって三つのバリエーションが生まれる。すなわち、①代理人に権限を移譲し、代理人の自律性を強化するケース、②代理人に対する本人の舵取り権限を強化するケース、そして③代理人に対する権限移譲と本人による舵取り権限の創出が同時に起こるケースである。新自由主義的な改革は社会の分権化改革として受け止められているが、政府や自治体による民間企業への委託が進んだ反面、政府は、企業活動を監査・評価するための仕組みを創出することによって企業活動に対する舵取り権限を獲得した。ガバナンスは、「集権化／分権化」「垂直的統治／水平的統治」という単純な二分法では語れない要素を含んでいるのである。

第二に、「本人／代理人」関係の領域的拡張に伴って、「責任の応答性」がさまざまな分野で求められるようになった。M・パワーは、一九八〇年代以降、ガバナンスの拡大とともに「監査の爆発的拡張」が起こったことを指摘している（Power, 1997＝2003）。「環境監査」「バリュー・フォー・マネー（VFM）監査」「経営監査」「知的財産監査」「データ監査」「医療監査」「教育監査」「技術監査」等々。監査の爆発的拡張を引き起こした要因として、パワーは、①「新公共管理

（NPM）とバリュー・フォー・マネー監査」、②「規制スタイルの変化」、③「品質保証と環境監査」を挙げている。
パワーによれば、「新公共管理」が支配的になった理由は、新自由主義的な価値観が浸透するとともに、公共サービスに関するアカウンタビリティの改善を求める政治的主張が成功したことにある。政府や自治体の予算執行が「合法性」だけでなく、「経済性」「効率性」「有効性」の条件を充たしていることへの説明責任が求められるようになった。これらの条件を充たし、「支出に見合った価値」を生み出していることをチェックする監査が「バリュー・フォー・マネー（VFM）監査」である。こうして「公共サービスの提供の分割および権限移譲が、会計および監査に裏付けられた再集合および再集権化のための特別な技術を要求するようになった」（同訳書：六二）。

この変化はまた、「規制スタイルの変化」にも繋がっている。規制緩和をつうじて、国家はサービス提供者としての役割を他の組織に譲ったが、両者の間には「応答的規制」が働いている。すなわち、組織は内部監査をつうじて「内部統制」を行うとともに、国家は外部監査をつうじて組織を「規制」している。内部統制と外部規制は、「本人／代理人」関係に内在する二つの側面に対応している。すなわち、内部統制は、代理人の自己統治を支える契機であるが、その自律性は、代理人に対する外部規制を前提にした自律性である。代理人の内部コントロールと代理人に対する外部コントロールは相矛盾するどころか、相互補完的な関係にある。現代の国家は、代理人の内部統制を促す一方で、そのための外部規制を設ける主体＝本人となりつつある。「国家は、手続きの価値を強調し、お互いに取り締まり合うことの私的な利益を許可し奨励するという、全体的な監視役を引き受け始めている。中央では戦略的なコントロールを維持しており、それは評価、監査および検査という政策手段を通じて行使される」(同訳書：七四)。

さらに、ガバナンスにおいては新しいタイプの「品質保証(質保証)」が追求され、「環境監査」の起源もそこにあるという。品質保証において重要なのは、個々の製品やサービスの内容よりも、むしろ製品を製造し、サービスを提供する手続きとしてのマネジメント・システムの質を保証することにある。監査の対象はオペレーションからオペレーションを統制するシステムに移行してきており、品質を監査可能にするマネジメント・システムを構築することが有効性の印となる。環境分野では、直接的な遵守の検査から自己検査システムに対する間接的な検査規制への転換が起こったが、パワーによれば、金融市場のような他の分野でも環境規制の「管理主義的転回」が起こった。内部統制と外部規制は、外部コントロールを内部化したり、内部コントロールを外部化したりするが、環境規制の管理主義的転回によって「『内部コントロールの外部化』と『外部コントロールの内部化』は、もはや明確に区別できなくなっている」(同訳書：八六)。

監査・評価とアカウンタビリティという責任の応答性は、こうした一連の変化をつうじてさまざまな領域に拡大してきているのである。

そして第三に、企業以外の領域でも財源的な統制が働く場面が増大しており、貨幣が代理人に対する本人のコントロール手段となっている。パワーによれば、監査の爆発的膨張によって監査の意味も拡張されたが、今でも会計監査がさまざまな監査に対する規範的影響を及ぼしているという。

境界が曖昧になっているのは、組織の内部と外部の境界だけではない。組織の活動を評価する経済的かつ非経済的な基準の境界も曖昧になっている。利潤の追求を目的としている企業の場合には、「経済性」や「効率性」だけでなく、「有効性」も貨幣的価値によって評価できるが、組織目標が経済的生産以外の活動に置かれている非経済的組織の場合には、「有効性」を経済的基準で測定することは、本来できない。しかし、支出に値する価値をもつか否かを評価する「バリュー・フォー・マネー監査」では、非経済的価値が経済的価値に還元されながら評価される。会計監査が非経済的監査に対して規範的影響を及ぼす理由もそこにある。

ガバナンスと新自由主義

このようにガバナンスは、コーポレート・ガバナンスに内在する三つの要素の相関的もしくは非相関的な拡張として構築されてきた。ガバナンスは多様な形態をもつとはいえ、新自由主義と強い親和性をもっている。

新自由主義的な改革がめざしてきたのは、市場原理――もっと正確にいえば、市場的な競争原理――を経済以外の社会領域に浸透させることにあるが、国家の政治的権力を抜きにして、経済以外の領域で市場的環境を人為的に創出することは難しい。市場は、自律的なアクターによって構成されるが、そのアクターの自律性とは、競争したり選択したりするアクターの自律性を意味する。生産者が生き残るためには、効率的な生産活動をつうじて他の生産者との競争に打ち勝たなければならないし、消費者が最良の商品を選択するためには、さまざまな商品を比較できなければならない。このような各アクターの競争的・選択的な関係を非経済的領域で樹立するには、アクターの活動を一元的尺度で評価する環境を整備しなければならないが、その役割を担うのが国家である。

新自由主義的な改革が「大きな政府から小さな政府へ」という理念とは裏腹に、国家の新たな役割の創造にあることをいち早く洞察したのは、二〇世紀の代表的な哲学者のM・フーコーであった。フーコーによれば、新自由主義は、市場への積極的介入をはかったケインズ主義を批判しつつも、「自由放任」を説く一八世紀の古典的自由主義とも一線を画していた。新自由主義がめざしたのは、ケインズ主義のように市場の働きを直接コントロールすることでも、また古典的自由主義のような自由放任でもなく、人為的介入をつうじて競争的環境を創出することにあった(Foucault, 2004＝2008)。

新自由主義者たちが思い描いているような、市場に従って調整される社会、それは、商品の交換よりもむしろ競争のメカニズムが調整原理を構成しなければならないような社会です。そうした競争のメカニズムが、社会において可能な限りの広がりと厚みとを手に入れ、さらには可能な限りの容積を占めなければなりません。すなわち、獲得が目指されるのは、商品効果に従属した社会ではなく、競争のダイナミズムに従属した社会であるということです（同訳書：一八二）。

社会に市場原理を浸透させることは、別の言い方をすれば、市場的競争をつうじて資本の拡大再生産をはかる企業形式を社会の隅々にまで広げることを意味している。再びフーコーの言葉を借りれば、

「企業」形式とは、国民的ないし国際的規模の大企業という形式、あるいは国家タイプの大企業という形式のもとに集中させられてはならないものです。社会体の内部において、このように「企業」形式を波及させること。これこそが、新自由主義政策に賭けられているものであると私は思います。問題は、市場、競争、したがって企業を、社会に形式を与える力のようなものとすることなのです（同訳書：一八三）。

こうしてみると、ガバナンスは、ガバメントの否定というよりは、むしろさまざまなアクターの自己統治を促す、政府による新しい統治ともいえる。金融権力を有する格付け会社がリスク評

価をつうじて投資家の自律的な選択を促したように、国家の政治的権力も、一元的な評価をつうじて多様なアクターの自律的な行動を促すのである。金融市場の信用補完に内部補完と外部補完があるように、ガバナンスにも内部統制と外部規制がある。自律的なアクター間の水平的統治として理解されているガバナンスには、アクターの行動を誘導する評価と規制の仕組みが組み込まれている。

もちろん、ガバナンスのすべてがコーポレート・ガバナンスに内在する三つの要素を含んでいるわけではないが、ガバナンスには三つの要素をすべて含むだけでなく、内部コントロールと外部コントロールが機能システム間の境界を横断し、さらに「経済性」「効率性」「有効性」が貨幣的尺度によって測られるケースがある。次章では、その典型的な事例として教育を取り上げ、新自由主義的な教育改革が教育システム、政治システム、経済システム間の関係の変容をもたらしながら、新しいガバナンスを築こうとしていることを述べよう。

第7章　機能分化の再編

新自由主義的な教育改革の帰結

1　教育の機能分化

ルーマンの教育システム論

新自由主義的な教育改革が機能分化に及ぼす影響を認識するためには、教育の機能分化とはそもそもどのような事態であったのかを把握しておかねばならない。ここで再び、ルーマンの機能分化論に耳を傾けてみよう。

機能分化をメディアに関連づけて理解したルーマンは、教育システムにも固有なメディアが存在すると考えた。ただし、晩年のルーマンは、F・ハイダーのメディウム（媒質）論をふまえて教育のメディアを分析した（Luhmann, 2002＝2004）。ハイダーは、「メディウム」を「形式」と対比したが、その際、メディウムと形式は、それぞれアリストテレスが定式化した「質料」と「形相」の概念に近かった。アリストテレスは、物の材料となるものを「質料」と呼び、物に形を刻印しているものを「形相」と呼んで区別した。

これに対してルーマンは、メディア（媒質）を「諸要素の緩やかな連結」、形式を「諸要素の緊密な連結」として両者を区別している。同じ質料から多様な形相が生成されるように、同じメディアから多様な形式が生成されうる。なぜなら、諸要素が緩やかに連結しているメディアは、諸要素がより緊密に連結した形式を成立させるための媒質となるからである。その際、メディアと形式の違いは相対的なもので、ある形式は、諸要素がさらに緊密に結びついた形式を生み出すメディアとなりうる。

このようなメディア観に立脚して、ルーマンは教育システムの機能分化を分析した。教育システムのメディアとなったのは、「子ども」と「経歴《キャリア》」である。一八世紀に子どもが大人とは異なる存在として認識されたことによって、メディア（媒質）としての子どもが誕生した。子どもは教育をつうじて社会化されるべき存在、つまり人間として必要な形式を付与されるべきメディアである。そして二〇世紀に入ると、教育の対象範囲は成人にも拡大され、高等教育や成人教育が普及した。そうしたなかで、新しい教育システムのメディアとなったのが経歴である。子どもとともに経歴がさまざまな形式を刻印される可能性を孕んだメディア（媒質）となった。

メディアとしての子どもと経歴には多様な形式が付与されうるが、それらのメディアに対して形式を付与する役目を担うのが知識である。知識は、「相互行為システム」（ルーマン）としての授業のなかで伝授される。したがって、教育システムというのは、相互行為システムとしての授業をとおして、子どもや経歴というメディアに知識が伝授され、それによって形式が付与されるシステムなのである。

機能分化した教育システム

このルーマンの議論は、近代における機能分化した教育システムのあり方を正確に描写している。歴史的に見ると、近代教育はこれまで二つの改革を経験してきた。ヨーロッパでは、まず一八世紀から一九世紀にかけて近代的な国民教育制度が創設され、次いで、二〇世紀中葉以降に高等教育が拡大された。この二つの教育改革は、子どもと経歴という二つの教育メディアの誕生と照応している。「子ども」の観念が誕生したことによって、すべての子どもを対象にした国民教育制度が確立され、さらに経歴の観念が発達したことによって、高等教育や成人教育が発展したのである。
このような教育の機能分化は、教育独自のメディアの誕生と授業秩序の成立を前提にして実現されたが、教育システムが機能分化を遂げたからといって、政治システムや経済システムと無関係になったわけではない。「構造的カップリング」という概念は、機能システム同士が一定の接触を保ちつつ、それぞれ固有の機能的自律性を維持した状態を表している。政治システムと経済システムのメディアはそれぞれ権力と貨幣であるが、経歴と権力、貨幣の関係について、ルーマンは次のように述べている。

たとえば金銭や政治権力のような他の媒質と混同されてはならない独自の〈媒質〉を用いることが、〈再帰的《リカーシヴ》な循環として閉じられた〉独自の〈形式〉志向を備えるための重要な一前提なのである。むろん、だからといって、教育システムにおいては権力が生じないとか、金銭は問題にならないとかいうわけではない。しかし、〔教育システムのなかでは子どもや経歴という〕

独自の媒質が優位を占めることによって、〔金銭や政治的権力という〕他の媒質の領分における基準が支配的な役割を果たすことは阻止される。ここでは、利得の最大化を達成することも、特定の政党の声望や選挙で勝つ見込みを増大させることも、問題外である（同訳書：一五三。〔 〕内は引用者。訳者による注釈は省略）。

このように機能分化をつうじて、教育システムは、それぞれ貨幣、権力をメディアとする経済システム、政治システムと構造的にカップリングしつつも、それらのシステムの作動原理から区別された独自の作動原理に従っている。子どもや経歴というメディアを誕生させた二つの教育改革は、教育システムの機能分化の成立・発展を導く教育改革であったが、目下進行中の新自由主義的な教育改革は、それらに匹敵する第三の教育改革といえる。この改革は世界的に浸透しているが、ここではその代表的な事例として、チリ、イギリス、そして、日本を紹介してみよう。

2　新自由主義的な教育改革

チリの教育改革

教育改革を含む新自由主義的な改革が世界で最初に行われたのは、一九七〇～八〇年代のピノチェト軍事独裁政権下のチリにおいてであった。最初の新自由主義的な改革が行われた国がイギリスでも米国でもなく、チリであったのは、戦後の資本主義体制が行き詰まりを見せていたとはいえ、まだ多くの西側先進国ではケインズ主義の影響が残っていたからである。そうしたなかで、アジェンデ社会主義政権に対する軍事クーデターによって誕生したピノチェト軍事独裁政権は、「シカゴ・ボーイズ」と呼ばれるフリードマンの教え子を多数招き入れ、自由貿易、民営化、福祉・医療費の削減、規制緩和など一連の新自由主義的改革を断行した。

その一環として一九七〇年代から八〇年代にかけて公教育の効率的運営をはかるための制度改革がなされた（斉藤、二〇一二）。すなわち、①一九八〇年代までの教育体制が改められ、教育の分権化として基礎・中等教育機関の管理運営権が市町村レベルの自治体に移譲される一方で、教育の集権化として全国学力試験システムが導入され、学校選択に必要な情報を親に提供するために試験結果が公表されるようになった。②学校管理を民間組織に再委託することも認められ、特に中等協業技術学校に関しては、学校の運営がそれぞれの専門分野と関連の深い業界団体や民間企業に直接委託された。そして、③バウチャー制度が導入されるとともに、これまで公務員であった教員に対して企業労働者と同一の労働法が適用されることによって教員雇用の流動化がはかられた。バウチャー制度は、後で説明するように、フリードマンが米国の教育水準を向上させるために提唱したもので、自由な学校選択を可能にするとともに、学校予算を流動的に配分する制度である。

また高等教育に関しても、①高等教育機関の多様化がはかられただけでなく、②規制緩和として高等教育機関の設立の手続き・要件が大幅に簡素化された。③二つの国立大学が分割されて地方大学へ再編されるとともに、④公的な高等教育への助成方式も変更された。年次一括方式の直接的な国家助成金が削減される代わりに、高等教育機関による自己資金調達が認められた。学生に支給される間接的な国家助成金の配分に対しても競争原理が導入され、毎年実施される全国統一の進学適正試験の上位合格者数に応じて助成金が配分されるようになった。

ここで注目したいのは、新自由主義的な改革が管理運営権を教育システムの末端に位置する学校に移行させると同時に、全国学力試験や全国統一の進学適正試験を導入して学校間に競争原理を働かせた点である。教育の分権化と集権化をもたらすこの二つの改革は矛盾しているわけではなく、内部統制と外部規制という、ガバナンスを構成する二つの要素に対応している。管理運営権を学校に移譲して学校が自律的に振る舞えるようにすることは学校の内部統制を生み出し、全国レベルの評価システムや教育研究資金の業績主義的配分を行うことは学校に対する外部規制を設けることを意味する。こうして達成される学校の自律化とは、学校が外部から評価されるような競争能力を獲得することなのである。

軍事独裁政権のもとで進められたチリの新自由主義的な教育改革は、新自由主義の理念に忠実な、過激な改革であったが、先進国でも改革が段階的に浸透していった。その先導的役割を果たし、また日本の教育改革にも大きな影響を与えたのがイギリスである。

イギリスの教育改革

イギリスの新自由主義的な教育改革は、一九八〇年代のサッチャー保守党政権から始まった。一九八八年、サッチャー政権は、公的な教育費の効果的配分をつうじて効率的な教育を実現し、国民に対して説明責任を果たすために教育改革法を成立させた。「教育費の効果的配分」「国民に対する説明責任」「教育の質保証」は、新自由主義的な教育改革の指導的理念となったが、この改革によって教育の集権化と分権化、そして市場原理の導入が進んだ。

イギリスでは、それまで教育の権限を握っていたのは「地方教育局（LEA）」であり、地方分権的な教育が行われていた。だが、この改革によって、①全国共通のナショナル・カリキュラムが設定され、②ナショナル・テストが実施されるようになった。③テストの結果が公表され、④学校選択も自由化された。⑤各学校には生徒の獲得数に応じて予算が配分される「頭割り方式」が導入された。それと同時に、⑥これまでLEAが握っていた予算・人事の権限が学校に移譲され、⑦学校理事会の強化をつうじて学校の自律的運営が求められるようになった。

一九九〇年代に入ると、メージャー保守党政権下で制定された一九九二年教育法によって「教育水準機構（Office for Standards in Education）: Ofsted」が再編され、新たな学校査察システムが確立された。Ofsted は準政府機関として、全ての公費維持学校を対象に査察を行い、①教育の質や児童生徒の到達水準、②予算執行の効率性、③児童生徒の精神的・倫理的・社会的・文化的発達が査察の対象となった。査察は四年に一回行われるが、「失敗」の評価を受けると、毎年査察を受けなければならず、改善が見られない場合には閉校を命じられることもあった（末松、二〇一二）。

メージャー保守党政権後に、「第三の道」を標榜したブレア労働党政権が誕生したが、新自由主義的な改革は続行した。競争的環境の整備、国民に対する説明責任、民間組織の活用といった新自由主義的な教育改革の大枠が継承されつつ、市場原理の弊害を取り除き、教育水準の向上をはかるために国家的介入が強化された。政府によって達成すべき教育水準が明確に定められただけでなく、保守党政権のもとで弱体化されたLEAに対して、国家的目標を達成するための新たな役割が付与された。LEAは、学校改革の状況を監視し、教育パフォーマンスの低い学校への支援を行う役割を与えられるとともに、LEA自身がOfstedの査察を受ける対象になった。LEAのパフォーマンスが低く評価された場合には、LEAのサービスや戦略マネジメントが民間セクターに委託されたり、民間セクターや他のLEAとの間にパートナーシップが結ばれたりした（久保木、二〇〇八）。

また、ブレア政権は民間セクターによる公共サービスの提供を積極的に支持し、公立学校を民間に開放する「公設民営」の動きを加速させた。その中心に位置づけられたのが、業績不振校の改善策として導入されたアカデミー制度である。これは、貧困地域のような教育困難地域のなかで業績不振に陥った公立学校を再生するために、業績不振校を一度閉校にしたうえで、公費を使いながら非公立学校として運営する制度である。民間セクターから多くの人材を学校理事に迎え、彼らの経営に関する豊富な知識や経験を活かして学校を再生することがそのねらいである（末松、二〇一二）。

サッチャー政権から始まったイギリスの教育改革は高等教育にも及んだ。大学補助金委員会（ＵＧＣ）は、補助金を支給するものの予算執行には関与せず、補助金の配分結果も公表されなかった。しかし、サッチャー政権による大学補助金の削減をきっかけに、評価に基づく競争的な資金配分の必要性が唱えられた。政府により近い高等教育基金評議会（ＨＥＦＣ）による研究評価が実施され、補助金の配分結果が公表されるようになった。「この制度は、『高等教育が最も効率的に成果を挙げる方法は、研究補助金の重点配分である』という政府の基本姿勢に基づいている」（Clark, 2005: 5）。こうして高等教育の競争的環境が整備された。

新自由主義的な教育改革の理念となっている「教育費の効果的配分」「国民に対する説明責任」「教育の質保証」は、「予算執行の効率性」「本人に対する説明責任」「品質保証」を重視するガバナンスの理念と合致している。また、学校運営の自律化を促す教育の分権化とナショナル・テストの導入に象徴される教育の集権化は、それぞれガバナンスにおける内部統制と外部規制に対応している。そして、準政府機関としてのOfstedによる査察、ＬＥＡによる監視、そして高等教育基金評議会による評価は、パワーのいう「教育監査」に相当する。これら一連の教育改革をつうじて、各アクターの自律的な行動とそれに対する政府の監視・評価によって成り立つ教育ガバナンスの体制が築かれたのである。

チリやイギリスに遅れたとはいえ、日本でも新自由主義的な教育改革が進んだ。日本において新自由主義的な教育改革を先導してきたのは文部科学省や中教審ではなく、政府の行財政改革や規制改革に関連した審議会や、臨教審、教育改革国民会議、教育再生会議といった内閣総理大臣の諮問機関であった（藤田・大桃、二〇一〇）。

日本の教育改革

一九八〇年代に中曽根首相の設置した臨教審が「教育の自由化」を提唱し、学校選択の拡大を提言したことが教育の市場化への先駆けとなったが、この動きが本格化するのはバブル崩壊以降のことである。二〇〇〇年に、小渕首相および森首相の諮問機関であった教育改革国民会議は、①外部評価を含む学校評価制度、②学校選択の拡大、③教員の成果主義的な評価、③民間の経営手法に基づく学校運営の必要性を訴えた。以後、この提言内容が徐々に実現されていくことになる。

二〇〇二年には小・中学校の設置基準が制定され、学校の自己評価の実施と結果公表の努力義務が規定に盛り込まれた。さらに二〇〇六年の学校教育法の改正によって、学校の自己評価が義務化され、関係者評価も努力義務化された。学校選択の自由化の動きも学校教育法の改正によって加速された。学区制の廃止に伴って高校選択の幅が拡大されるとともに、小中学校における学校選択制度の規制緩和も進んだ。そして、二〇〇七年からは全国一斉学力テストが実施されるようになった。

二〇〇六年に安倍首相の諮問機関として発足した教育再生会議は、第三次報告（二〇〇七年）のなかで、①学校の第三者評価を行うこと、②バウチャーの考え方を取り入れ、学校選択制を前提にした予算配分システムをモデル事業として実施すること、③教員の評価と給与を連動させた成果主義的評価を導入すること、④校長権限を拡大し、管理職としての副校長・主幹教諭を設置して学校経営の強化をはかることを提起した。

そして日本では、初等・中等教育以上に新自由主義的な改革が進んだのが高等教育である。その端緒となったのが、一九九一年の「大学設置基準の大綱化」であり、これにより大学設置基準の要件が緩和され、代わりに研究教育の質保証として大学による自己点検・評価が努力義務と定められた。以後、教育行政は「事前規制から事後評価へ」と重点を移していくことになる。

一九九八年には、文部科学省の諮問機関である大学審議会がその答申「二一世紀の大学像と今後の改革方策について――競争的環境の中で個性が輝く大学」のなかで高等教育機関における知の再構築に向けた方策を示した。そこでは、①自己点検・評価のいっそうの充実と第三者評価システムの導入、②評価情報に基づく資源の効果的配分、③学長（学部の場合には学部長）を中心としたトップダウン式の運営体制の整備が謳われた。

二〇〇一年には、「大学（国立大学）の構造改革の方針――活力に富み国際競争力のある国公私立大学づくりの一環として」（所謂「遠山プラン」）が発表され、①国立大学の再編・統合を大胆に進めてスクラップ・アンド・ビルドを活性化すること、②国立大学に民間的発想の経営手法を導入して新しい「国立大学法人」に早期移行すること、③第三者評価に基づく競争原理を大学に導入して国公私立「トップ三〇」を世界最高水準に育成することが示された。

こうして二〇〇四年四月から国立大学法人制度がスタートし、国立大学は第三者評価としての法人評価と認証評価を受けることになった。法人評価というのは、各大学が六年ごとに策定した中期目標を文部科学省の国立大学法人評価委員会が評価するもので、評価の結果が公表されるだけでなく、二〇一〇年度からはその結果が運営費交付金に反映されるようになった。一方、認証評価というのは、文部科学大臣が認証する評価機関が定めた評価基準に則って教育研究組織の活動を評価するもので、国立大学だけでなく、短期大学を含む全ての大学が評価の対象となる。評価の結果は公表される（川口、二〇〇六）。

これらの評価とは別に、研究資金の競争的配分をつうじて日本の大学の国際的競争力を高めるための施策が取り入れられた。二〇〇二年度から遠山プランに基づく文部科学省の研究拠点形成等補助金事業「二一世紀COEプログラム」が始まり、二〇〇七年度からは「グローバルCOEプログラム」に継承された。その結果、二〇〇一年度以降、予算配分は旧帝大など特定の大学に傾斜し、大学間格差が拡大する傾向が見られるようになった（島、二〇〇七）。

民営化と教育ガバナンス

以上の例からも明らかなように、新自由主義的な教育改革には分権化と集権化、内部統制と外部規制という二つの契機が組み込まれている。教育研究組織の自律性を高める内部統制と、国家的な評価システムのもとでアクター（教育研究組織・教育研究者）間に競争原理を働かせる外部規制が結びつくことによって、新しい教育ガバナンスが構築されたのである。そのガバナンスとは、一言で言えば、市場的な競争原理が働くような統治構造を表している。生産者間の競争をつうじて生産者と消費者の関係が最適化される競争的市場と同様な構造が教育の領域で確立されたのである。

その際、教育の民営化にも「外からの民営化」と「内からの民営化」があり、構造的には区別しておく必要がある。「外からの民営化」は、これまで教育システムの内部で営まれていた活動が経済システムのなかに直接取り込まれることを意味する。

学校業務が企業に外部委託されれば、学校と企業の間には市場的な関係が形成される。民間委託の範囲は、最初は、通学バス、給食、清掃といった周辺的な業務に限られていたが、次第に、給与支払い、出勤管理、業績監視、専門職能開発、カリキュラムの開発、教育法、試験の実施といった中核的な業務にまで及んでいる。さらに、学校経営が民間委託されたり、「公私共同（public private partnerships: PPP）」の形態をとったりするケースもある。イギリスのアカデミー制度はＰＰＰの一つであるが、米国のチャーター・スクールもこのカテゴリーに入る。チャーター・スクールは、民間団体が公的資金援助を受けながら運営する学校で、一九九〇年代に誕生した。公立学校の一種であるが、学校設立の自由、管理運営の自律性、選択制の学校、アカウンタビリティを制度的理念として掲げている。誰もが申請できるが、民間企業によって設立・運営されるチャーター・スクールの数が増大している。

「外からの民営化」の場合には、教育システムの営みが市場システムの内部に取り込まれるとはいえ、その影響は、市場的な取引が行われる範囲に限定される。それに対して、「内からの民営化」の場合には、教育システムと経済システム、学校と企業の間に同型の構造的形式が創出される。教育システムが経済システムのようなシステムへ、学校が企業のような組織へと改造されるので、「内からの民営化」のほうがある意味では甚大な影響を及ぼしている。

新自由主義的な市場観に従えば、教育システムのなかでは、学校（教師）は教育サービスを提供する生産者、生徒（親）は教育サービスを享受する消費者に相当するので、生徒（親）による学校の自由選択を保証して学校間の競争を生み出せば、教育システムも市場システムのように作動し、教育の最適な状態が実現される。これが疑似市場の形成である。

疑似市場を形成するためにフリードマンが提唱したのが、バウチャー制度にほかならない。新自由主義の指導的な理論家であったフリードマンは、国家が義務教育の費用を負担することを認めつつも、国家や自治体による学校教育の運営に関しては、それが非効率的であるという理由で批判的であった（Friedman, 1982＝2008）。そこで新たな学校運営方式として提案したのがバウチャー制度である。

教育バウチャーは、教育目的に限定された、支払い手段としての貨幣である。政府が子ども一人当たりの年間教育費に相当するバウチャーを親に支給すれば、親は学校を自由に選択することができ、学校はバウチャーの獲得をめざして競争するようになる。実際には、チリのケースのように、政府が一人一人の親にバウチャーを支給する代わりに、生徒の獲得数に応じて学校に予算を配分すればよい。

これまでのところ、バウチャー制度を実施している国は必ずしも多くなく、いったんバウチャー制度を導入したうえで廃止したところもある。その理由はさまざまであるが、バウチャー制度を有効に機能させるためには、教育活動が貨幣によって完全にコントロールされなければならない。チリのようにバウチャー制度を導入すれば、教育システムは、貨幣の動きに合わせて人的・物的資源を流動的に再編するシステムを構築しなければならない。バウチャー制度は、教育システムをその根底から変革する一種の「劇薬」として作用する。こうしたことがバウチャー制度の普及を妨げる一因となっている。

とはいえ、バウチャー制度を導入しなくとも、教育活動や研究活動に対する第三者評価を行い、評価結果を資金配分に連動させて競争原理を働かせれば、バウチャー制度に近い効果が得られる。教育研究評価が行われるようになった背景には、公的資金の運用に対する説明責任、多様化時代における教育研究の質保証、さらにグローバル競争に勝ち抜くための教育研究の質的向上といった理由があるが、どのような理由であれ、競争は、結果の優劣を決定するための一元的尺度に基づく評価を必要としている。教育研究組織に対する評価を行うことは、教育研究組織間に競争的メカニズムを作動させる基本的条件となる。そのうえで教育研究評価と資金配分を連動させると、教育研究組織は、予算獲得をめざして自らの活動をコントロールするようになる。このとき、教育研究のための資金はバウチャーでなくとも、教育研究に対するコントロール機能を担うようになる。

このように、教育研究の一元的評価と評価結果を資金配分に反映させる環境的条件が整えば、教育システムのなかで疑似市場が形成される。実際、バウチャー制度を導入していない国でも、教育研究評価を資金配分に連動させて競争原理を働かせる制度づくりが進められており、教育システムはその作動様式において経済システムに近づきつつある。

疑似市場の形成と並んで、「内からの民営化」を担う、もう一つの柱は新公共管理の導入である。新公共管理は、行政の分野ではガバナンス改革の柱になってきたが、新自由主義的な教育改革も、「学校の自律的運営」という名のもとに学校の企業化を推し進めてきた。日本でも、地方分権化の一環として学校への権限移譲が進められ、学校は「自律的な運営」を行うために新公共管理を導入した。

第一に、学校の経営機能が強化された。かつて、校長は教育の専門家であったが、校長権限の拡大とともに、校長の性格は教育者から経営者へと移行してきた。また、学校における理事会の発言力が高まるとともに、校長のもとに副校長・教務主幹といった管理職が置かれた。このような学校経営機能の強化は、競争的環境の管理者として以前よりもかえって大きな権限を獲得した国家の変化と対応している。校長を筆頭とする経営陣の役割も、学校内における競争的環境の創出と管理にある。

第二に、成果主義の導入によって、競争原理が学校間だけでなく、教員間にも働くようになった。国が学校を評価し、評価結果を学校の予算配分に結びつけたように、学校も教員を評価し、その評価結果を給与に反映させるのである。顧客主義と成果主義の原則に立脚した新公共管理のもとでは、組織内の人間関係は、市場的関係のように、契約や約束によって結ばれた低度の信頼関係の連鎖として把握され、そのうえで競争と評価に基づく管理が行われる。

このように疑似市場の形成と新公共管理の導入は、教育システムの経済システム化、学校の企業化をつうじて、学校の内部と外部に共通のガバナンス構造を創り出した。そのガバナンスの要に位置するのが、「教育監査」なのである。そうだとすれば、新自由主義的な教育改革がもたらした変化は、教育システムの内部変化にとどまらない。「教育システム・政治システム・経済システム」間の関係が変容し、新しい教育ガバナンス体制が確立されたことになる。

では、これらのシステム間にどのような変化が生じたのだろうか。それを理解するためには、それぞれ政治システムと経済システムの内部で循環していた権力と貨幣の作用に注目する必要がある。

3　教育と政治の機能的融合

事前規制から事後評価へ

内部統制と外部規制を結びつける「規制の変化」について、パワーは「これらの発展は、単に中央国家によるコントロールの失敗や断念を反映しているのではなく、むしろその直接的な手段から、市場に基づく手段のような間接的な影響力をもつ『自由主義的な』技術への転換を反映したものである」（Power, 1997＝2003: 74）と述べている。「ガバメントからガバナンスへ」の移行は、国家的統治の後退ではない。かといって、それは国家的統治の強大化でもない。この変化は、政治的権力の質的変容として捉えなければならない。

新自由主義的な教育改革をつうじて、各アクターが内部統制をつうじて自律化する一方で、アクターの自律的な行動に対して外部規制を設けているのは国家である。国家の代役を果たす国家的機関が学校間の競争的環境を維持するための評価や監査を実施している。国家は改革をつうじて、教育行政から手を引いたのではなく、教育行政のあり方を変化させたのである。そのことを端的に物語っているのが「事前規制から事後評価へ」という教育改革の理念である。

それまで政府は事前規制として、教育の「入り口」を管理してきた。規制の対象は、教育活動が開始される以前の段階に限定されていたので、教育システムは政治システムに対して機能的に自律性を保持してきた。たとえば、政府は大学に対して運営資金や補助金を支給してきたが、政府と大学の間には明確な役割分担があった。イギリスの大学補助金委員会は、政府と大学の間の緩衝機関として設置され、「(財政)支援すれども、干渉せず」という原則のもとで運営されてきた(潮木、二〇〇四)。日本でも、政府と大学の間には「行政事項と学問事項の棲み分け」があった。政府は、大学の設置前の手続きや設置に伴う予算行為など、主に「入り口」の管理を行い、学問事項は学部教授会の自治権限のもとに置かれていた(米澤、二〇〇五)。教育システムと政治システムは相互の自律性を保ったうえで結びついており、「構造的カップリング」と呼ぶにふさわしい関係にあった。

ところが、新自由主義的な教育改革は、事前規制に関して大幅な規制緩和を行う反面、教育の質を保証するための事後評価を実施するようになった。国の公的機関によって定められた評価基準に基づいて第三者評価が行われ、国家がその評価結果を基にして資金配分を行うのである。評価は、高い評価が得られた教育研究を促進し、逆に低い評価を与えられた教育研究を排除していくので、国家的機関によって評価が行われるということは、国家が教育研究の内容を間接的に規定することを意味する。競争的環境と評価体制の確立をつうじて、国家の政治的権力は今や、間接的な仕方で教育システムの内部にまで浸透してきている。ただし、国家の統制は、かつての思想統制のような直接的な統制ではなく、「脱統制的な統制」とも呼ぶべき形態をとっている。

脱統制的な統制

こうした状況をふまえて、教育の分野にも「本人（プリンシパル）／代理人（エージェント）」理論を応用した教育行政論が台頭してきた。前章で述べたように、「本人／代理人」理論というのは、企業の統治構造（コーポレート・ガバナンス）を「本人／代理人」関係として分析する経済学理論である。そこでは、経営者は株主の代理人、労働者は経営者の代理人とみなされ、企業システムが「本人／代理人」関係の連鎖として把握される。本人と代理人は自由な契約のもとで結ばれつつ、本人と代理人の間には金銭的手段に基づくコントロールが働く。

この理論を教育分野に応用して新しい教育行政のあり方を論じたのが「新しい統治」理論である（世取山、二〇〇八）。新自由主義的な教育改革によって、政府・自治体・学校・教師の間に階層的な管理構造が確立されたが、この階層関係は、官僚制的な階層関係とは異なっている。「本人／代理人」理論のいう「本人／代理人」関係として成立する。自治体は政府の代理人、学校（校長）は自治体の代理人、教師は学校（校長）の代理人として位置づけられるのである。政府は、自らの手で直接統治するのではなく、自己の代理人を介して間接的にコントロールする。この場合、インプットよりもアウトプットが重視され、評価結果と経済的手段に基づくコントロールが行われる。

G・ニーブは、このような国家を「評価国家」と名づけた（Neave, 1988）。評価国家の誕生は、政治的権力が衰退したのではなく、変質したことを意味している。評価国家の政治的権力は、権力者が被権力者に対して命令を下すような古典的な意味での権力ではなく、脱統制的な統制を可能にする権力である。新自由主義的な教育改革をつうじて権限の下方移譲が起こったが、同時に、舵取り機能が国家に集中した。分権化と集権化が同時に進行した結果、新たに確立された教育ガバナンスは「分権化か集権化か」という二者択一的な表現では語れない構造を備えている。国家は、ナショナル・レベルの評価・監査と資金配分を連動させることによって、非命令的権力というかたちで舵取り機能を獲得したのである。この新しい権力を介して国家の意思が教育システムの内部にまで浸透する。国家の統制が「本人／代理人」関係の連鎖をつうじて教育システムの内部に及ぶ過程は、政治権力が教育システムの内部に浸透するとともに、政治と教育の機能的融合が進む過程でもある。

4　教育と経済の機能的融合

評価・資金配分と貨幣の機能

教育システムが機能分化した段階でも、研究教育組織は、貨幣を使って経済的機能を営んできたが、そうした経済的機能は、教育システムの機能的自律性を損なうものではなかった。ところが、国家的機関による評価と国家による教育研究資金の競争的配分が行われると、貨幣は、国家の政治的権力を支える権力手段になる。もっとも、貨幣が権力手段になるという現象は、目新しい現象ではない。財力に物を言わせて他者の意思決定に影響を及ぼすことは古くから行われてきた。貨幣が権力手段として政治的に利用される場合でも、それが財力として作用する限り、貨幣は経済システムの内部で循環するメディアであることに変わりはない。しかし、現代の教育システムを支える貨幣は、そうした貨幣とは異なる性質を帯びている。

新自由主義的な教育改革がめざしたのは、「最小のコストで最大の成果を挙げる」という経済システムの統治原理を教育システムにも適用することであった。そのために、教育システムを経済システムに、そして教育研究組織を企業に近づけたのである。「外からの民営化」の場合には、教育研究の営みが市場のなかに取り込まれることによって、市場的関係が教育システムの内部に浸透したが、「内からの民営化」の場合には、学校の内部に新公共管理が導入されたり、教育システムの内部に疑似市場が形成されたりした結果、教育組織の内部と外部は、いずれも選択と競争が働く関係として再編された。しかし、教育システムを経済システムに近づけるには、それだけでは十分ではない。

経済システムの場合、生産者間の競争をつうじて生産者と消費者の最適な関係が確立されうるのは、生産コストと生産活動の成果がいずれも貨幣的価値に換算されるからである。最小の経済的コストで最大の経済的成果を挙げられたか否かは、貨幣的価値によって評価できる。これと同様な統治原理が教育システムの内部で作用するためには、経済的コストと教育・研究上の成果がともに共通の価値に基づいて評価されなければならない。そのためには、貨幣の機能が変化しなければならない。

教育が機能分化した段階でも、教育研究組織は経済的機能を営んでいたが、経済的機能は教育活動を行うための必要条件にすぎなかった。教育研究上の成果を挙げることは、経済的コストの追求とは別次元の活動である。だからこそ、先のルーマンの指摘にあるように、教育にとっては「利得の最大化を達成することも、特定の政党の声望や選挙で勝つ見込みを増大させることも、問題外」(Luhmann, 2002 = 2004: 153) なのである。貨幣が財力を示す価値尺度にとどまっている限り、経済システムと教育システムは、ルーマンのいう「構造的カップリング」の関係にとどまっている。

ところが、教育システムのなかで評価と資金配分を結びつける制度が確立されると、貨幣はバウチャーでなくとも、教育研究資金を獲得した組織や個人の教育研究水準を表現するシンボリックな性格を帯びる。獲得した資金の多寡が研究教育業績の水準、ひいてはその組織や個人の教育研究水準に対する尺度として機能する。つまり、貨幣は今や、金融リスクの評価尺度として機能するだけでなく、教育研究能力の評価尺度となっているのである。

もちろん、金融リスクの評価が金融情報の収集・蓄積・分析を可能にした情報技術や格付け会社という評価機関を必要としたように、教育研究の評価も、教育研究情報の収集・蓄積・分析を支える情報技術や国家の代理人となる評価機関を必要としている。公的機関であるか私企業であるかという違いを除けば、教育研究の評価機関は、いわば教育研究の「格付け機関」にあたる。

評価を実施するためにはこれらの条件が整わなければならないが、逆にいえば、それらの条件を前提にしつつ貨幣は教育研究能力の尺度として、経済的コストと教育・研究上の成果を一元的に評価することができる。こうして「最小のコストで最大の成果を挙げる」という経済システムの統治原理が教育システムにも適用可能になるのである。

現代貨幣の媒介機能

第3章で述べたように、原始貨幣は、計算不可能なものを計算可能にし、それによって異質な領域を架橋した。供犠のなかに登場する原始貨幣は、聖なる世界と俗なる世界を媒介し、贖罪に使われる原始貨幣は、規範的世界と逸脱的世界を媒介している。聖なる世界と俗なる世界、規範的世界と逸脱的世界の間には、商品市場に相当するような同質性が存在するわけではない。二つの世界の間に同質性があるゆえに、原始貨幣が二つの世界を架橋したのではなく、原始貨幣が通底不可能な二つの世界の間に介在することによって、二つの世界が架橋されたのである。

同様に、現代貨幣も商品交換の媒体に還元できない媒介機能を担っている。貨幣の本質的な機能は、計算不可能なものを計算可能なものにし、それによって異質なものを媒介することにあるが、その仕方は未規定である。貨幣は、内容的には未規定な、したがって純粋な形式において定義づけられる存在である。内容的には未規定であるゆえに、貨幣の機能的形式に対しては、さまざまな内容を盛り込むことができる。商品交換媒体としての貨幣にもそのような機能が備わっているとはいえ、現代貨幣は、現代の科学技術や情報ネットワークに支えられて計算不可能なものを計算可能にする新たな形式を獲得した。

金融の領域だけでなく、教育の領域に見られたのはこの変化である。貨幣の尺度機能の拡張によって、「最小の経済的コスト」と「最大の研究教育上の成果」の間に存在する溝が埋められ、「最小のコストで最大の成果を挙げる」という経済システムの統治原理が教育システムの統治原理となったのである。このとき、政治的権力が「脱統制的な統制」を志向する権力として教育システムの内部に浸透したように、貨幣も尺度機能を拡張することによって教育システムの内部的な統制要因となる。新自由主義的な教育改革がめざしたのは、教育システムのなかで市場的な競争原理が働くように、各アクターの自己規律（内部統制）を強化しながら、各アクターを評価する国家的機構（外部規制）を設けることにあったが、この新しい教育ガバナンスは、教育システム・政治システム・経済システム間の機能的変容をつうじて実現されたのである。

このように現代貨幣は、「商品交換手段」「教育研究能力の評価尺度」「国家の権力手段」という三つの性質を帯びている。貨幣は、単なる財力としてではなく、尺度機能を拡張させることによって権力手段となった。そして、国家の政治的権力の作用が「本人／代理人」関係をつうじて教育システムの内部に浸透したとき、貨幣も、教育研究能力の評価尺度として教育システムの内部で作用する。現代貨幣は、この三つの性質を帯びることによって、経済システム・教育システム・政治システムといった異質な領域を架橋する媒介的役割を担っているのである。

もちろん、新自由主義が浸透した社会でも、業績評価と予算配分が全面的に連動しているわけでない以上、教育システムが経済の統制原理によって完全に支配されてはいないが、新自由主義的改革がめざしていたのは、経済の統治原理を他の社会領域にまで浸透させることにある。こうして、ルーマンが「問題外である」と述べた事態が起こっているが、それは、機能分化の変容が進行しているからである。

5　情報化によるシステム再編

情報化と遠隔機能

これまでは、新自由主義に関連づけながら機能分化の変容を説明してきたが、新自由主義が機能分化の変容を推し進めている唯一の要因ではない。また、新自由主義は、市場的な競争原理を他の機能システムにまで浸透させたが、その変化をJ・ハーバーマスのように「(政治・経済)システムによる生活世界の植民地化」として捉えるわけにもいかない(Habermas, 1981 = 1985–87)。社会のなかで市場が支配的な力を奮っていることは間違いないが、システム間の融合をもたらす作用は、経済システムから他の機能システムへの一方向的な浸透ではない。新自由主義政策以外に、機能分化の変容を引き起こす重要な要因となっているのが情報化である。情報化に関しては、これまでにも言及してきたが、ここで情報化のインパクトをより原理的なレベルで検討してみよう。

現代社会では、組織の内部機能がネットワーク化をつうじて機能システム間の境界を跨《また》ぐかたちで遂行されており、このことが機能分化の変容に深くかかわっている。現代社会は、組織の内部関係から国際関係に至るさまざまなレベルの社会関係が重層的なネットワークとして構築された社会であり、そうした社会的ネットワークのインフラ的基盤となっているのが、インターネットに代表されるコンピュータ・ネットワークである。

コンピュータ・ネットワークの普及として実現された情報化は、単に情報処理を効率化しているだけではない。社会の時空的な編成様式に甚大な影響を及ぼしている。その根本的な理由は、情報が送り手から受け手に伝達されても送り手の手元から消えるわけではないという、情報の時空的性質にある。情報は、複数の時空的位置を同時に占め、時空的距離を飛び越える働きをもっているが、それは逆にいえば、情報が作用を及ぼす側と及ぼされる側の時空的位置を引き離すことができるということでもある。つまり、情報には遠隔機能が備わっているのである。

個人や組織といったアクター（行為主体）も物質的基礎をもっているので、つねに現実世界のなかで特定の時空的位置を占めながら活動を行っている。ところが、情報の遠隔機能が発達すると、アクターが同じ活動を別の時空的位置から行ったり、アクターの活動を別のアクターに代理させることが可能になる。その結果、アクターの活動が時空的な束縛から解放されるとともに（脱場所化）、新たな時空的位置のもとで別のアクターによって遂行されることが可能になる（再場所化）。こうして、情報の遠隔機能は「アクター／活動／時空的位置」の結びつきを流動化するのである。

情報の遠隔機能は、伝達能力を有するすべての情報に備わっているとはいえ、現代の情報技術は遠隔機能を劇的に拡張し、「アクター／活動／時空的位置」の対応関係を大幅に流動化した（正村、二〇一二）。先に説明した「本人／代理人」関係も「脱統制的な統制」も、情報の遠隔機能に支えられている。N・フレーザーが述べているように、「新たなグローバルな制御様式は、統治のかなりの拡散をもたらす。フォーディズム型制御様式と違って、ポストフォーディズム型制御様式は、構造化された制度上の場を越える、柔軟で変動するネットワークを通じて行われる『遠隔統治』の傾向がある」（Fraser, 2003 = 2011: 72）。

遠隔機能が発達すると、システムにおける内部と外部の関係、そして全体と部分の関係が根本的に変化する。近代社会は機能分化した社会であると同時に、国民国家を基本的な単位にした社会であるが、遠隔機能の発達に伴って、国民国家と機能システムのどちらにもそのような変化が起こる。後者を説明する前に、まず前者から見てみよう。

全体と部分の入れ子構造（I）——遠隔地ナショナリズム

一九世紀において国民国家が明確な国境のもとで相互排他的な空間を形成した際、その文化的運動を担ったのがナショナリズムである。B・アンダーソンは国民国家を「想像の共同体」として捉えたが、彼によれば、情報化が進んだ今日、「遠隔地ナショナリズム」という新しいナショナリズムが誕生した（Anderson, 2005＝2005）。

これまでであれば、自分の生まれ育った国が祖国であり、祖国と生まれ育った場所は一致していた。ところが、メディアの発達によって、自分が住んでいる国と祖先の出身国との時空的距離が埋められ、移民の二世や三世は、自分が一度も足を踏み入れたことのない祖先の出身国を祖国とみなせるようになった。つまり、移民の帰属意識は、場所的な束縛から解放される一方で（脱場所化）、祖先の祖国という新たな場所に向けられたのである（再場所化）。

古典的なナショナリズムの場合には、国民国家とナショナリズムが一対一に対応しているのに対して、遠隔地ナショナリズムの場合には、各国の内部に複数のナショナリズムが成立する。アンダーソンが取り上げたメディアは、ラジオ、テープ、ビデオといったメディアであるが、インターネットの普及はこの流動化をいっそう加速している。祖先の出身国とのネットワークが発達し、祖先の出身国に対して祖国愛を抱く移民が増えるほど、移民受入国の内部では移民の多様性に応じて、多様なナショナリズムが成立する。

もし、遠隔地ナショナリズムが今以上に展開し、世界各国に世界中の移民が存在するようになれば、世界各国の内部に世界中のナショナリズムが成立することになる。このとき、世界は、国家の外部にあると同時に内部にもあるような様相を呈する。

遠隔機能の発達によってもたらされたこの変化は、同じ絵が老婆にも若い娘にも見えるあの

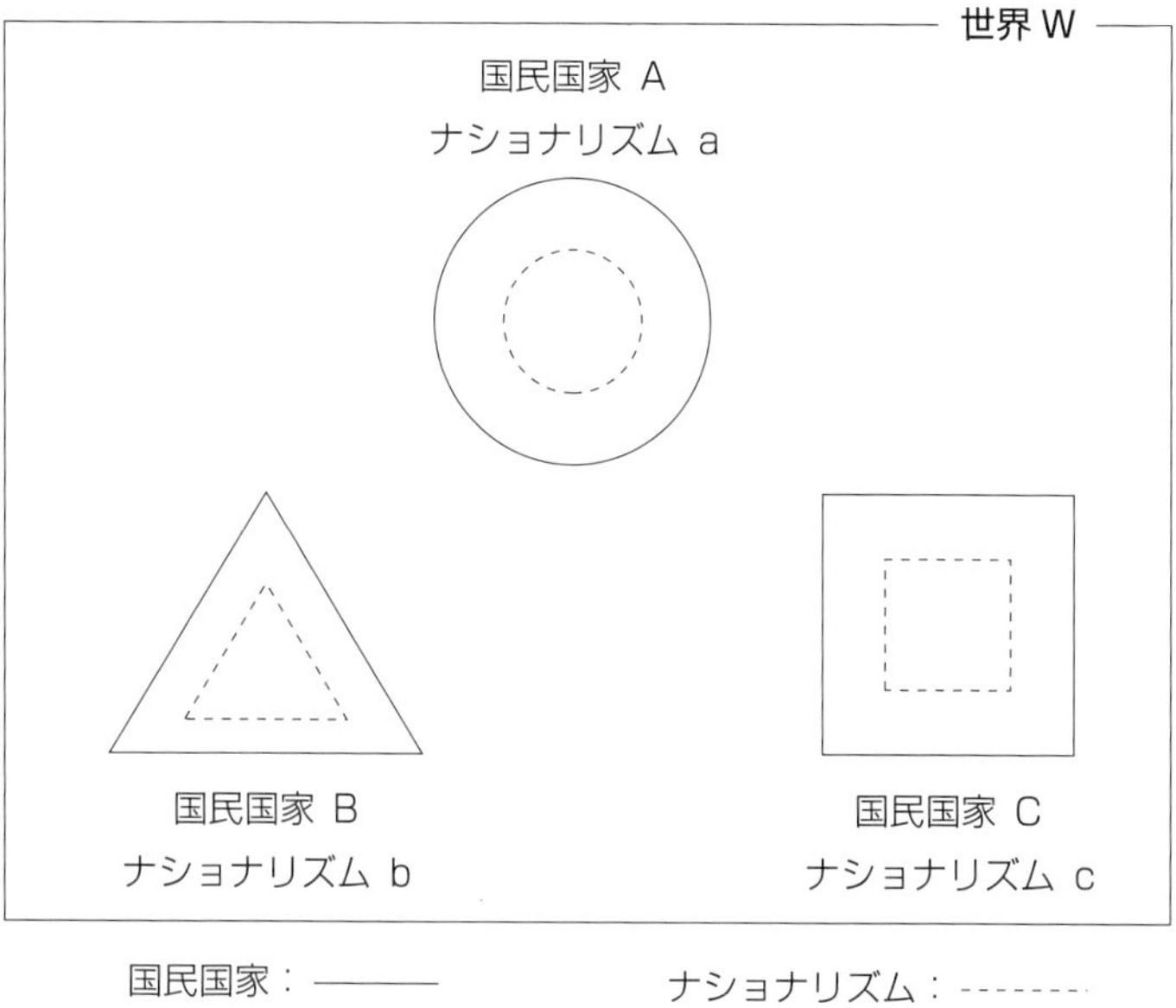

図 7a　古典的ナショナリズム

「だまし絵」のような二つの面をもっている。なぜなら、各国民国家の内部で世界中のナショナリズムが成立するということは、ナショナリズムの力が他の国にまで貫徹したとみることもできるが、逆に、国民国家の内部を一つにまとめ上げてきたナショナリズムの力が衰退したとみることもできるからである。

今仮に、世界Wは、国民国家A・B・C……から構成されているとすれば、古典的なナショナリズムは、国民国家A・B・C……を相互排他的に分割するナショナリズムa・b・c……によって形成されていた（図7

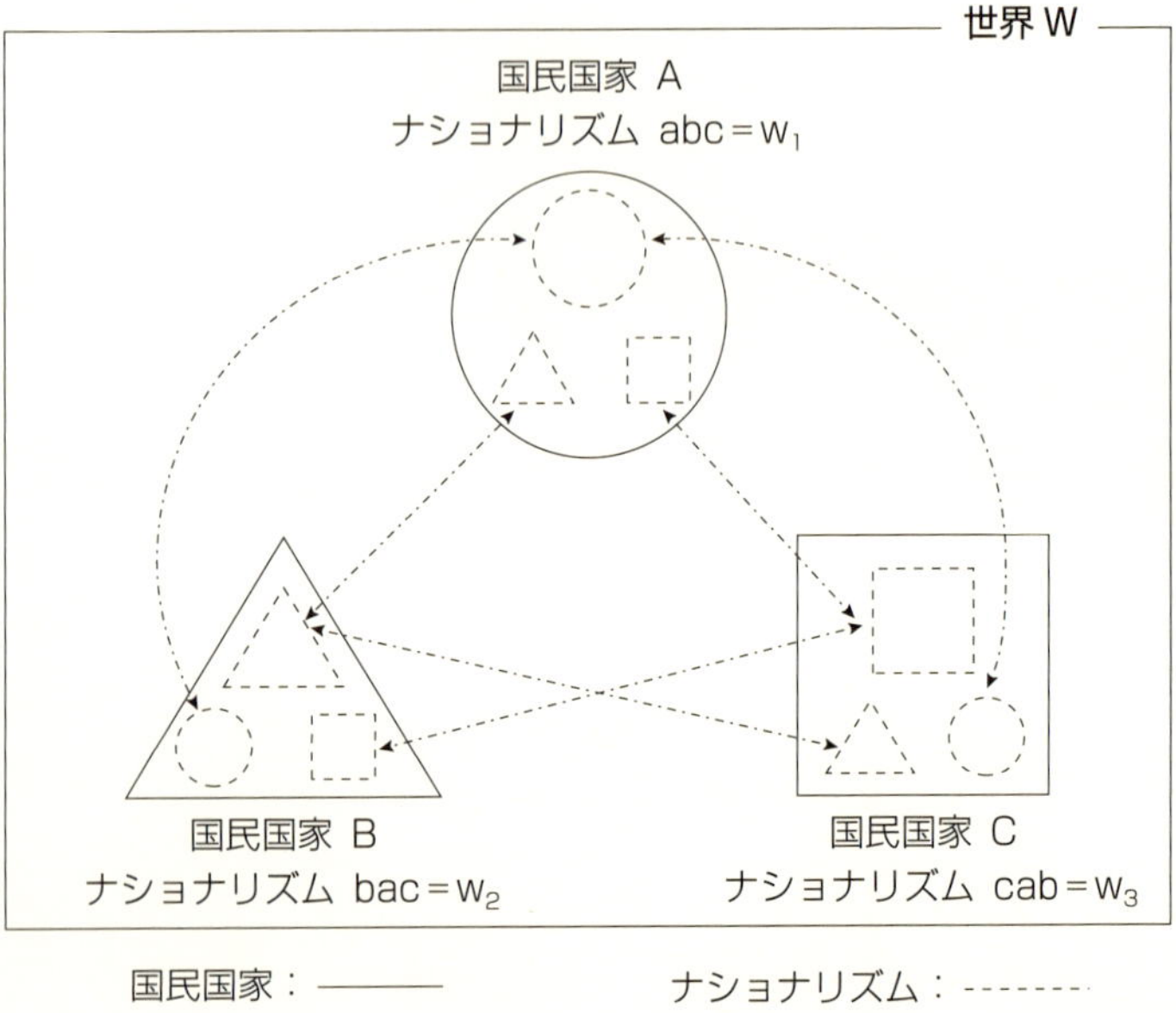

図 7b　遠隔地ナショナリズム（極限型）

a）。古典的なナショナリズムは、国民国家間の相互排他的な関係のなかで国民国家の内部を一つに統合していた。ところが、遠隔地ナショナリズムが極限的にまで推し進められると、各国民国家にはそれぞれ世界中のナショナリズム（a・b・c……）を包含したナショナリズム w_1・w_2・w_3……が成立する。その結果、各国民国家のナショナリズムは、w_1・w_2・w_3……として相互に分節されるとはいえ、かつてのような相互排他的な関係をもちえない（図7b）。

　こうして遠隔地ナショナリズムは、古典的ナショナリズムの力を他の国民国家の内部にまで浸透させることによって古典的ナショナリズムを変容させている。そして、これと似た現象が機能システムにも起こっているのである。

全体と部分の入れ子構造（Ⅱ）――機能分化の変容

今日、情報化の進展に伴って、さまざまな組織が機能システム間の境界を跨ぐかたちでアウトソーシングを行っている。学校だけでなく、政府も軍事請負会社に業務を委託し、企業も産学連携というかたちで研究開発を大学に委託している。

ルーマンが指摘したように、各機能システムはオートポイエティック・システムとして閉鎖性をもっているので、機能システム間にはコミュニケーションは成立しない（Luhmann, 1997 = 2009）。けれども、組織間ではコミュニケーションが成立しうる。アウトソーシングによって、組織は、内部資源や内部機能を外部化するが（外部委託）、必要に応じて外部資源や外部機能を内部化する（外部調達）。アウトソーシングにはこの二つの側面があるが、こうした内部の外部化と外部の内部化を可能にしたのが情報の遠隔機能である。情報の遠隔機能によって、組織の外部に存在する資源や機能があたかも組織の内部に存在するかのような状態が創り出されるのである。

遠隔機能の発達はまた、組織間に「本人／代理人」の関係が形成され、組織の内部機能が外部組織によって遂行されることを可能にしている。内部機能の遂行を委託した側が本人、委託された側が代理人となる。「本人／代理人」理論が現代社会のなかで一定のリアリティを帯びるのは、遠隔機能の発達に基づいてアクター間の代理関係が発展してきたからである。すでに説明したように、多国籍企業だけでなく政府や学校も、組織の複雑化や高度化に伴って内部機能の外部化を推し進めているが、機能分化の変容の源泉の一つはこうした組織の内部変化にある。

このミクロな変化が、組織間の関係変化を介して機能システム間の変化に繋がってくる。ここでも話をわかりやすくするために、アウトソーシングの極限的なケースを想定してみよう。すなわち、機能システムの境界を跨ぐかたちで、ある機能システムに属する専門組織のさまざまな第二次機能が、それぞれを第一次機能として遂行する他の専門組織、つまり別の機能システムに属する諸組織によって遂行されたとする。この場合、外部委託と外部調達というアウトソーシングの二面性に対応する二つの側面が見られる。

まず、専門組織がその中核機能となる第一次機能を残して、あとの第二次機能を外部組織に委託することは機能分化の貫徹として現れる。機能分化が確立された近代社会においても、組織は、いわば「ミクロ社会」としてさまざまな機能を包括的に営んでいる。先の古典的ナショナリズムの場合と異なって、組織の内部には最初からさまざま社会的機能が包含されている。とはいえ、組織の内部機能は他の機能システムから切り離されており、互いに無関係な仕方で遂行される。つまり、組織のレベルでは、機能分化が進んだ近代においても機能分化の限界が存在していたのである。ところが、アウトソーシングの発達に伴って、組織の内部機能は、それぞれに対応する他の機能システムの専門組織によって遂行されるようになる。これは、機能分化が組織の内部に

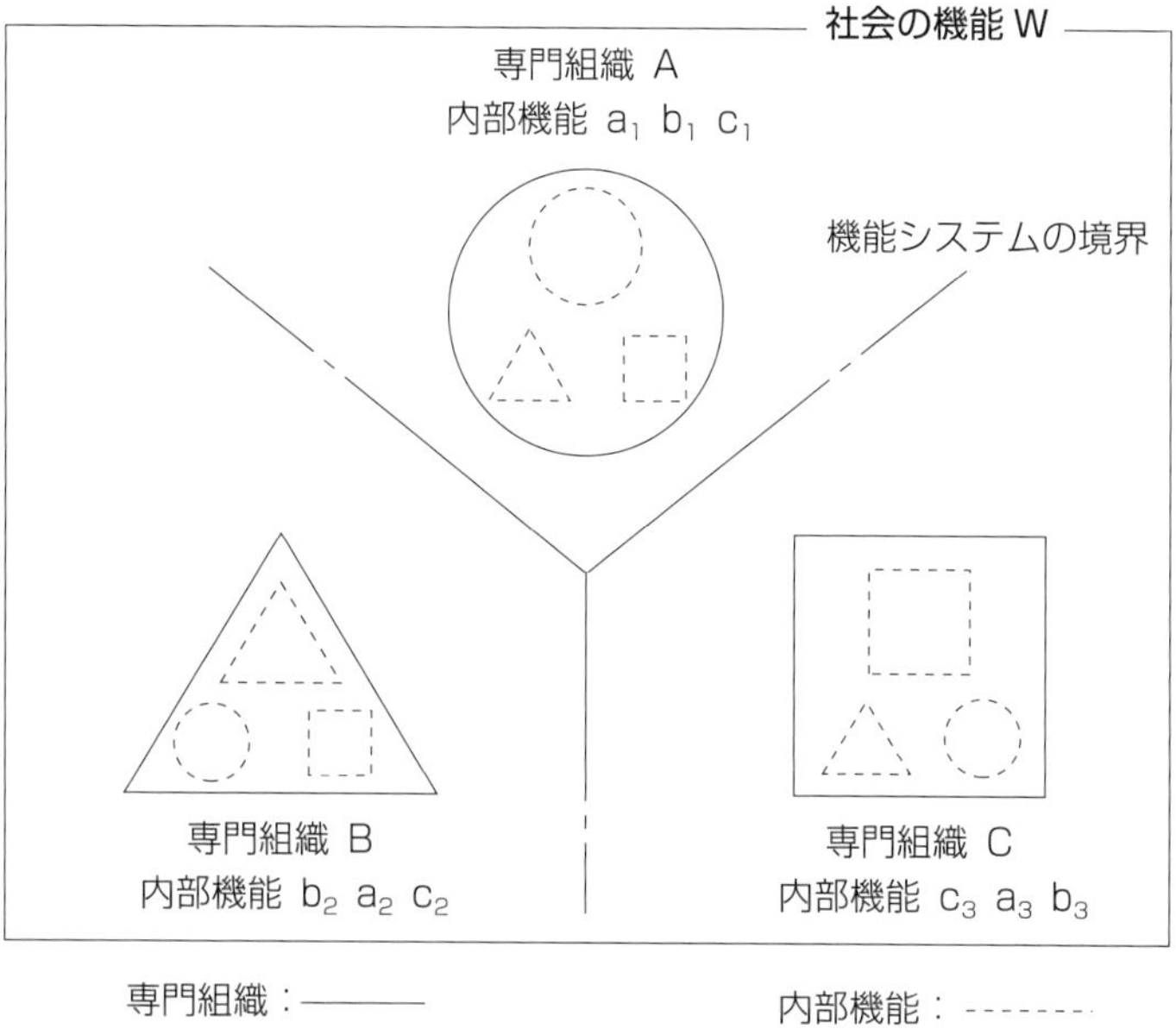

図 8a　専門組織とその内部機能

まで及んだことを意味しており、機能分化の貫徹とみることもできる。

　しかし、アウトソーシングには外部委託（内部の外部化）とは対照的に、外部調達（外部の内部化）というもう一つの側面がある。外部調達によって、本人としての各専門組織は、その代理人となる他の専門組織の働きをつうじて自らの内部機能を充足する。つまり、ある機能システムの専門組織の内部機能が他の諸々の機能システムの働きを介して遂行されるのである。専門組織の内部機能が他の諸々の機能システムの働きによって達成されたとすれば、それは、社会全体の機能が各専門組織の内部に取り込まれたことを意味している。

今仮に、社会全体として遂行する機能をW、各機能システムに属する専門組織をA・B・C……とすれば（図8a）、これまで各専門組織はそれぞれ独立に自らの機能を遂行してきたので、それらの機能はa・b・c……として分離することができた。ただし、どの専門組織もその内部では、第一次的機能のほかにさまざまな第二次的機能を営んでおり、専門組織A・B・Cは、それぞれ第一次的機能となるa・b・cのほかに、それぞれ第二次的機能となるbc・ac・abを営んでいる。ところが、内部の外部化と外部の内部化が極限にまで進むと、各専門組織の第二次的機能が互いにそれを第一次的機能とする、他の機能システムの専門組織によって遂行され、機能システム間の相互浸透が起こる。こうして、各専門組織の内部機能が社会全体の機能を取り込むかたちで遂行された場合には、各専門組織の機能遂行は、w_1・w_2・w_3……というかたちをとる。つまり、機能システムという部分システムのなかに全体システムが組み込まれるような入れ子構造が形成されるのである（図8b）。

この入れ子構造は、単に全体と部分が相似形をなしているという意味での入れ子ではない。機能分化が確立された段階でも、組織はいわば社会の縮図として存在する。したがって、全体と部分が相似形をなすという意味での入れ子構造は、近代社会にも見られる。これに対して、遠隔機能の発達をつうじて生み出された入れ子構造は、全体と部分の形式的な類似性にとどまらず、部

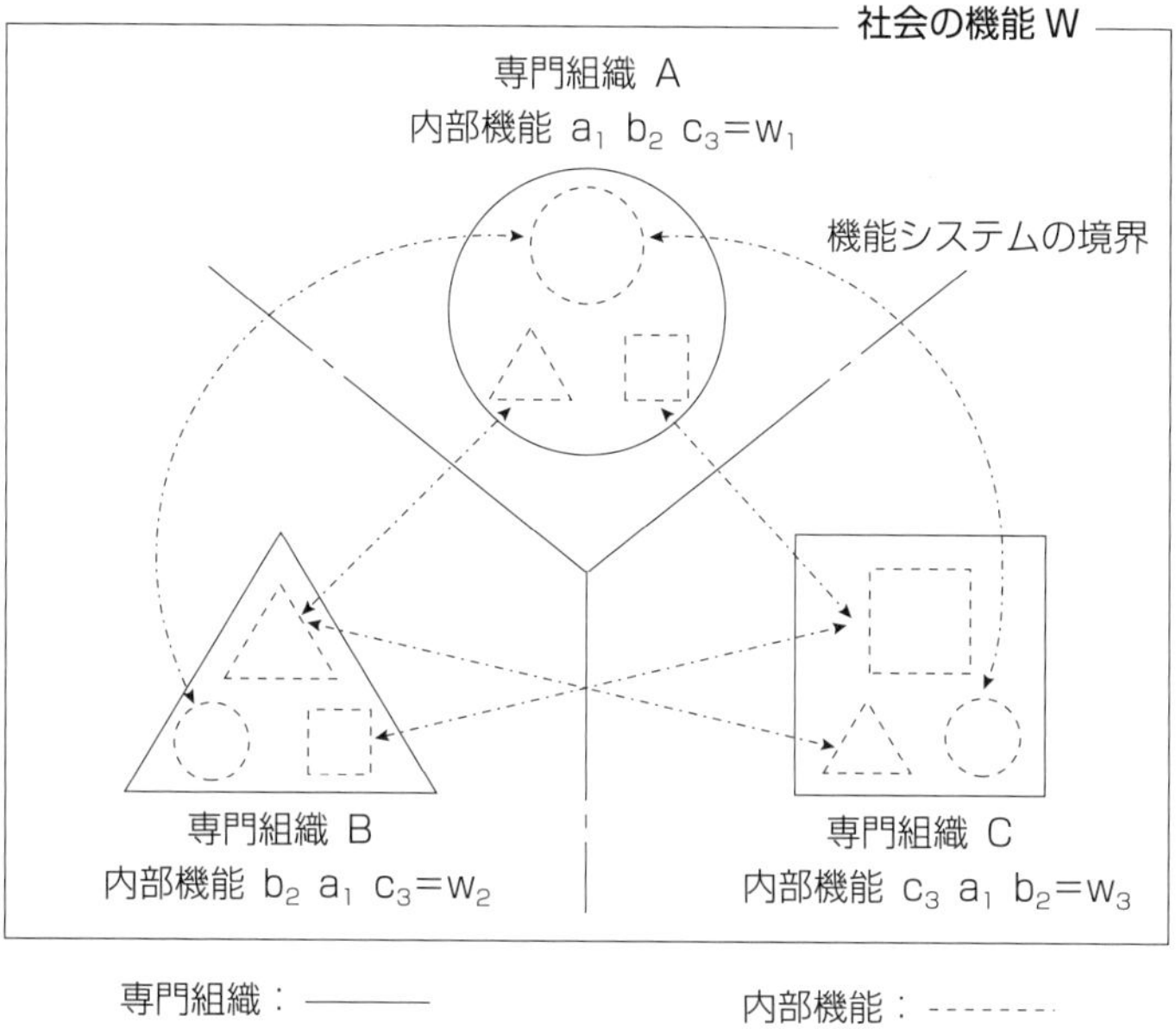

図 8b　内部機能の外部化と外部機能の内部化（極限型）

分のなかに全体が埋め込まれるような構造をなしている。全体のなかに諸部分が包含されているだけでなく、一つ一つの部分のなかに全体が包含されるという、全体と部分の相互包摂的な関係が形成されるのである。

こうして、機能システム間の境界を跨ぐかたちで全体社会と各機能システムに属する専門組織の間に入れ子構造が形成されると、各専門組織は、他の機能システムの働きを内部化しながら自らの機能を遂行する。その結果、組織の内部変化が組織間の関係変化を介して機能システム間の関係変化に繋がる。国家間を相互排他的に分節する古典的ナショナリズムが国内に浸透することによって国家間の相互排他性が揺らいだように、組織内における機能分化の貫徹が逆説的にも機能システム間の融合を促すのである。

入れ子の論理と現代社会

そして、この入れ子の論理こそ、クザーヌスが不可視の神の可視化について語った際の論理でもある。第3章で述べたように、無限で不可視の神が有限な人間にとって可視化されるのは、神の眼差しが縮減された仕方で人間に内在しているからである。縮減の仕方は人によって異なるために、人はそれぞれ異なる眼差しをもっているが、神の無限の眼差しをそれぞれ固有の仕方で縮減しながら内包することによって神を観ることができる。

中世神学のなかに登場するこの論理こそ、情報機能の核心をなしている。形而上学と近代哲学を架橋する役割を演じたライプニッツが情報学の先駆者であったのは、決して偶然ではない。モナド（個体）を「宇宙を映し出す生きた鏡」と捉えたライプニッツのモナド論は、全体が各部分の中に内包されるという入れ子の論理に依拠している。近代的世界観は物質的世界を基礎にして世界を説明するために、入れ子の論理は、近代においても完全に消滅することはなかったとはいえ、背後に追いやられてしまった。物質的世界では、各部分にとって外部をなす全体が内部にも存在するということはありえない。この論理が成り立つのは、情報的世界においてである（正村、二〇〇八)。現実の社会は、もちろん物質的世界のうえに築かれているが、物質的過程に対して情報的制御が働くことによって、この論理が現代社会の編成原理として作用するのである。

現代社会では、個人だけでなく、社会構造のなかにもこのような入れ子構造が形成されようとしている。国民国家と機能システムはいずれも、内部と外部を厳格に分離した相互排他的な空間を築いてきたが、内部と外部がいずれもネットワーク化され、内部の外部化と外部の内部化が進むなかで、相互排他的な空間を維持することが困難になってきている。「ガバメントからガバナンスへの移行」に伴って生じた「統治の拡散」(Fraser, 2003＝2011)は、機能システム間関係の変容の現れなのである。

前章で述べたように、コーポレート・ガバナンスには、①「本人/代理人」関係、②責任の応答性(監査と説明責任)、③コントロール手段としての貨幣という三つの要素が含まれていたが、新自由主義的な改革をつうじて確立された教育ガバナンスは、それらの要素を内包しているだけでなく、政治システム、経済システム、教育システムに跨がる体制として機能分化の変容を促しているのである。

6　現代資本主義と現代貨幣

近代資本主義における二つの変化

新自由主義的な教育改革という事例から見えてきたのは、機能システム間関係の変化が、生産優位から金融優位への移行という、経済システムのなかで生じた変化とパラレルな関係にあるということである。

第一に、どちらの場合にも貨幣の機能的拡張が起こっている。貨幣は、リスクと利得の相関関係を確立した仕組み金融においてはリスク評価の尺度となり、教育研究に関する業績評価と資金配分を連動させた教育システムにおいては、教育研究業績の水準を示す尺度となった。商品交換手段としての貨幣が「最小のコストで最大の成果を挙げる」という経済システムの統治原理を担えたのは、経済システムの内部では、最小のコストも最大の成果も価格という数量的情報に換算されうるからである。これに対して、教育システムの場合には、経済的コストと研究教育的成果の間には落差が存在しているが、貨幣の尺度機能が拡張されることによって、その落差が埋められたのである。

第二に、貨幣の尺度機能の拡張をもたらしたのは、科学や科学技術に裏打ちされた情報化である。原始貨幣が示していたように、貨幣は、最初から計算可能なものをただ計算しているのではなく、計算不可能なものを計算可能にしている。ところが、貨幣の媒介機能が商品交換に限定され、しかも商品世界という同質性が計算可能性を担保したことによって、その事実が覆い隠されてしまった。けれども、貨幣の尺度機能が拡張したことによって、貨幣が媒介する対象領域も拡大された。現代貨幣は、もはや機能分化した経済システムの内部で循環しているだけではない。

情報化によって貨幣の尺度機能・媒介機能が拡張したのは、貨幣の本質が情報的機能にあるからである。ここで情報概念について詳しく説明する余裕はないが（正村、二〇〇〇・二〇〇八）、情報は世界に対して創造的な働きをしている。最初から世界が形作られ、世界の形をあるがままに写し取ることが情報の働きではない。情報（information）の原義が「形（form）を刻印する（in）こと」であるように、情報は世界に形を与えている。近代科学が生み出した知や科学技術の一形態としての情報テクノロジーは、これまで不可能であった情報処理を可能にしたが、現代貨幣は、そうした近代科学や科学技術と結びつくことによって、原始貨幣とは異なる意味で計算不可能なものを計算可能にし、異質な社会領域を媒介するようになった。

とはいえ、科学的な知や技術に支えられた現代貨幣も、信仰＝信用の上に成り立つという、原始貨幣から引き継がれてきた性質を失ったわけではない。現代貨幣も、人々がその働きを信用する限りで成り立っている。現代貨幣は、神に対する信仰と機能的には等価な「貨幣に対する信用」と、その信念の無根拠さを補完する知の技術としての「情報テクノロジー」の両方に支えられているのである。

第三に、貨幣の機能的拡張と並行して、権力の機能的変容も生じている。古典的な権力は、物理的暴力を最終手段として行使しうる強制力を意味していたが、金融市場のなかで働く権力や教育システムに浸透する政治権力はそれとは異なっている。信用リスクを評価する格付け機関は、評価情報を提供して人々の行動を誘導するかたちで金融権力を行使し、評価国家は、教育システムに対して「脱統制的な統制」を行うようになった。脱統制的な統制、遠隔統治のメディアとして機能しているのが現代の権力である。その結果、これまで政治システムと経済システムのメディアとして機能してきた権力と貨幣は、密接な繋がりをもつようになった。

そして第四に、資本主義をめぐる二つの変化は、どちらも社会生活全体に影響を及ぼしている。すでに、仕組み金融市場では住宅ローン債権、自動車ローン、リース債権、クレジットカード債権など、さまざまな資産が証券化されているが、原理的にはキャッシュフローの流れを把握し、その確率論的なリスク評価を行うことができれば、あらゆるものが証券化の対象となりうる。証券化の拡大とともに、金融は社会生活全体を覆い始めている。一方、市場的な競争原理は新しいガバナンスの構成原理として、経済領域を越えて、社会のさまざまな機能領域に浸透してきている。

このように現代の資本主義の変容は、貨幣の機能的拡張と権力の質的変化が組み合わさり、機能分化の変容を伴うかたちで進行しているのである。

現代資本主義をめぐる三つの議論

現代資本主義に関しては、「金融資本主義」「生資本主義」「認知資本主義」という、少なくとも三つの議論がある。これらの議論は、これまで述べてきた現代資本主義の変容と一定の重なりをもっている。

「金融資本主義」論によれば、金融経済が社会生活全体に浸透し、貨幣による貨幣の自律的な生産が行われるようになっている。金融経済が社会の全域に浸透するという主張は、人間の生および社会の総体が資本に実質的に包摂されることを強調する「生資本主義」の議論とも重なっているが、生資本主義論においては、労働の物質的道具として機能する身体を超えた、身体の全体性から価値が抽出されることが強調される（Fumagalli and Mezzadra, 2009＝2010）。そして、二〇世紀後半における情報技術の発展とともに重要性が高まった非物質的労働を軸にして新たな資本主義の姿を描いたのが「認知資本主義」論である。認知資本主義によれば、蓄積過程の中心は物質的商品から非物質的商品に移行し、知識の産出（学習過程）とその普及（ネットワーク経済）が資本の価値増殖の主要な源泉となる（Fumagalli and Lucarelli, 2007）。

一言でいえば、金融資本主義は第6章で論じた「生産優位から金融優位への移行」、生資本主義は本章で論じた「機能システム間の関係変化」、そして認知資本主義は第2章で論じた「情報資本主義」にそれぞれ対応している。近代資本主義は、生産を介して利潤を追求する産業資本主義であると同時に、機能分化した経済システムであるという二つの側面をもっていたが、現代資本主義は、いずれの側面においても近代資本主義から離脱しつつある。

二〇世紀後半に登場した情報資本主義は、情報の産業化を実現したという意味では産業資本主義の一形態にすぎないが、そこで生み出された情報テクノロジーは、新自由主義的政策と結びつくことによって、産業資本主義の変質を促した。現代資本主義は、情報テクノロジーの発展を基礎にして金融の優位を確立した点で金融資本主義であり、また経済システムの原理を経済以外の人間の諸活動＝社会の諸領域にまで浸透させている点で生資本主義である。

「情報資本主義（認知資本主義）」「金融資本主義」「生資本主義」は分かちがたく結びついているが、その結節点となっているのが貨幣である。その貨幣は、従来の経済学や社会学が描いてきた貨幣ではない。知の技術を含む情報テクノロジーによって尺度機能・媒介機能が拡張された貨幣である。しかしそうだからといって、現代貨幣は原始貨幣よりも合理的であるというわけではない。

最後に、そのことを述べて本書を閉じることにしよう。

むすび　自己組織化のゆくえ

二〇〇八年の世界的金融危機は、リスク・ヘッジという合理性の追求がその意図に反して非合理的な結果を招くというパラドックスの一例であった。二〇世紀後半以降、機能分化の変容を伴うかたちで新しいガバナンスが構築されてきたが、新自由主義と親和性をもったガバナンスの構築も、最小のコストで最大の成果を挙げることをめざしている点で合理性を追求してきたといえる。経済の論理が現代社会の牽引役を果たしているのは、経済システムが最も合理的なシステムであると考えられているからである。しかし、新自由主義的な改革は本当に合理的なのだろうか。

歴史を振り返ってみると、人間が自らの意思で社会を創り出せることは、今でこそ自明であるが、普遍的な事実ではなかった。人間社会における統治の歴史は、さまざまなパラドックスに充ちている。

民主主義は、社会の構成員となる人々が自らの意思で社会を統治する政治制度であるが、民主主義が全面的に開花したのは近代以降である。古代ギリシャのような例外もあるとはいえ、近代以前においては、支配者は、神のような超越的な存在に依拠して統治を行ってきた。宗教的権威と政治的権力の結びつきは社会の歴史的段階に応じて異なるが、供犠のなかにその原初的形態をみることができる。

供犠は、すでに述べたように、共同体的な絆を再生産する宗教的儀礼であると同時に、政治権力の源泉となる聖なる力を発現させる儀礼でもあった。供犠は、自らの手で聖なる力を発現させるという点で自己組織的であったが、その自己組織性は、自己組織的であることを否定するような自己組織性であった。供犠は、共同体が統治に必要な権力を自らの手で発生させつつ、その事実を覆い隠すことによって権力の超越性を示すという、パラドキシカルな性格を帯びていた。神への捧げ物を殺害し、その血と肉を共同体の成員間で分け合うことは、近代人の目から見れば「非合理」に映る。しかし、殺害は、生け贄の世俗的な存在性に対する否定をつうじて聖なる力を発現させる契機であったゆえに、供犠は社会的な合理性を有していた。

とはいえ、供犠は、第三項の排除をつうじて、排除する者の間に社会的連帯を確立するスケープゴートと同型の構造をもっており、社会秩序の原初的形式といえる。社会の歴史的発展は、この原初的形式を乗り越えていくプロセスでもあった。それとともに、原始貨幣も商品交換媒体としての貨幣へ移行していった。供犠が執り行われなくなった段階でも、宗教的権威と政治的権力は結びついていたが、その宗教と政治の関係に決定的な変革をもたらしたのが近代社会である。この変革もまたパラドキシカルな性格を帯びていた。ウェーバーは、プロテスタンティズムにおいて神の絶対的な超越性を指摘したが（Weber, 1920＝1989）、神に対する人間の絶対的な服従という関係こそ、神に代わって人間が世界の創造的主体となる可能性を用意するものでもあった。服従が主体性へ転化するというロジックは、フーコーが近代的主体の生成を説明する際に用いた論理でもある（Foucault, 1975=1977）。イギリスの功利主義者J・ベンサムが一八世紀末に考案した、「パノプティコン（一望監視装置）」と呼ばれる監獄では、囚人は独房に監禁されるだけでなく、看守の一方的な監視のもとに置かれた。監視は、監視する側とされる側の間に「支配／服従」関係を確立するが、フーコーによれば、この看守に一方的に服従する囚人こそ近代的主体のモデルであった。主体（Subject）とは、主体性（subjectivity）を備えた存在であるが、パノプティコンの事例は、服従（subjection）をつうじて主体性が獲得されるという、服従と主体性の逆説的な繋がりを示している。囚人が看守に服従していたように、人間も神に服従している。プロテスタンティズムの倫理は、神の超越性と人間の神への従属性を極限にまで推し進めたが、このことが服従の主体性への転化というロジックを働かせることになった。

このように人間の手によって社会が創られる統治の仕組みは、最初から既定の事実としてあったのではない。出発点となったのは、人間に対する神の超越性と神に対する人間の従属性であり、そうした神と人間の「支配／従属」関係の深化が極限にまで推し進められたことによって、人間が主体化された。人間社会の自己組織性は、この二重の否定によって実現されたのである。

近代以降、社会は、文字通り自己組織的な社会となり、人間の意思に基づいて社会を組織化する合理化の力が働いてきた。資本主義の現代的変容もこうした流れの一環をなしている。自己組織化という概念は、自律性と密接に関連しており、自らのあり方を自ら決定する性質を内包している。近代において自律性を獲得したのは、個人とともに近代国家であった。個人が「近代的主体」となったように、近代国家も大文字の「近代的主体」として、国内を自律的に統治する主権国家となった。

そして今や、新自由主義的な改革は、個人のみならず、さまざまなアクターの自律性を前提にしたガバナンスを構築しようとしている。一方では、分権化をつうじてアクターの決定権限を拡大して各アクターの自律性を高めつつ、他方では、アクター間の競争を働かせる体制を創り出した。新自由主義的な理解に基づくアクターの自律性とは、評価を基にして自分で選択する能力、もしくは自分自身が評価の対象になる場合には、評価を高められるように自らのあり方を改変する能力を表している。

金融の領域と教育の領域で起こった変化は、このようなガバナンスの構築であったという点で共通している。証券化は、あらゆる投資対象のリスクを評価することによって各投資家が自己責任のもとで投資できるような環境を創り出した。その際、リスク・ヘッジの手法はリスクの相互独立性、すなわち個人は相互独立に選択するという前提であった。証券化やデリバティブを開発した金融工学は、ロビンソン・クルーソー的な人間観を基礎にしてリスクの独立性を仮定していた。しかし、個人化が進んだ現代社会においても、その潜在的位相では、諸個人の独立性が失われるような関係性が息づいている。金融工学は、こうした事実を見落としているためにリスク・

ヘッジに失敗したのである。

それと同様に、金融以外の領域における新自由主義的なガバナンスも、長期的には非合理的な結果を生む危険性を秘めている。新自由主義の基礎にある経済学理論は、「合理的個人」に還元できない人間の社会的性格を捉え損なっていただけでなく、人的資源と物的資源の背後にある質的な違いを無視している。物的資源に関しては、資源の流動化をはかり、必要に応じて、必要なときに、必要なものを提供することは合理的である。しかし、これと同一の戦略をそのまま人的資源に適用することはできない。なぜなら、人間の生は、それぞれ固有の歴史的・社会的・文化的コンテクストのなかに埋め込まれているからである。

海外に工場を建設している多国籍企業は、瞬時に工場をより有利な場所に移動させることができるが、それまで工場で働いていた人間をそのまま新しい場所に移動させることはできない。バウチャーの制度を機能させるためには、教育組織の人的配置を評価結果に基づいて絶えず流動的に再編していく必要があるが、人間は物のような流動性をもちえない。価格形成的な市場には、貨幣の媒介機能をつうじて物の動きを調整する仕組みが備わっているが、貨幣の媒介機能を拡張し、同じ仕組みを人間に適用したからといって合理的な結果が得られるわけではない。

現代貨幣は、原始貨幣と違って、知の無根拠さを補完する知の理論や技術に支えられているとはいえ、そうした知の理論や技術が特殊な前提のもとで成り立っている以上、合理性は括弧付きのものでしかない。一見不合理な原始貨幣が合理性を帯びているのとは対照的に、合理的にみえる現代貨幣は潜在的な非合理性を孕んでいるのである。

ポランニーは、近代においてそれまで社会のなかに埋め込まれていた経済が自立したことを指摘したが（Polanyi, 1957=1975）、新自由主義は、経済のなかに社会を埋め込むような改革を推し進めようとしている。新自由主義的な政策を採用するか否かにかかわらず、機能分化の変容は進むであろうが、今必要なのは、経済のなかに社会を埋め込むことではなく、社会のなかに経済をもう一度埋め込むかたちで経済と他の社会的機能の新しい結びつきを見出すことである。

これまで、貨幣に関する経済学や社会学の理論は貨幣を商品交換媒体と捉えてきたために、貨幣は、理論的には捨象しうる存在、せいぜい商品交換を効率化する手段とみなされてきた。しかし、貨幣は人間社会の成立に深くかかわる存在である。原始貨幣と同様に、現代貨幣も、経済的機能に還元できない社会的な働きをしている。

とはいえ、商品交換媒体に還元できない貨幣の本源的な意義を認めつつも、別の可能性を探らなければならない。それは、機能分化の変容の別のあり方を模索することでもある。

あとがき

本書はもっと前に刊行されるはずだったが、本書の構想中に東日本大震災が発生した。筆者は災害研究の専門家ではないが、東日本大震災は災害研究に収まらない社会学的な問題を含んでいたことから、発災後、震災研究にかかわるようになった。

福島第一原子力発電所事故の発生は、原発に対する信頼だけでなく、科学や科学技術に対する信頼を揺るがすことになった。当初は、原発事故の問題が現代資本主義の変貌という本書の主題に関連するとは思っていなかった。しかし、研究を進めるうちに二つのテーマが機能分化の変容という点で繋がりをもっていることに気づいた。現代資本主義の変貌は、単なる経済システムの変化ではなく、経済システムと他の機能システムの境界変容を伴っている。そして、二〇世紀後半に急速な発達を遂げた科学技術も、政治・経済・科学の機能的な境界線を横断する媒介的役割を果たしてきた。

科学と技術の歴史を振り返ってみると、両者の関係は、二〇世紀を境に大きな変化を遂げた。近代科学の基礎となる物理学の理論が登場したのは一七世紀、そして「科学（サイエンス）」という言葉が生まれ、科学者集団という専門家集団が組織化されたのは一九世紀のことである。近代科学が制度的に確立されたのはこの時代であり、科学者の役割は、大学という場のなかで認識活動に従事することにあった。一方、技術開発に携わったのは、二〇世紀中葉に至るまで、エジソンのような在野の個人であった。つまり、科学研究と技術開発は互いに独立した営みであったわけである。

このような科学と技術の分離は、西欧近代社会のなかで確立された世界観とその社会構造に支えられていた。近代的世界観は、「主観と客観」「精神と物質」の近代的二元論を基礎にした世界観として形成されたが、そのなかで「事実と価値」「認識と行為」の分離が進んだ。近代以前には、事実と価値は渾然一体をなしていた。たとえば、伝統は、過去から繰り返されてきた事実であると同時に、将来にわたって継続されるべき価値でもあった。伝統は、事実と価値の混淆を拠り所にして社会的な拘束力をもちえた。もちろん今でも、このような伝統の性質が完全に消えたわけではない。しかし近代以降、伝統は社会を成立させる基本的な形式ではなくなった。一九世紀の西欧社会では、事実と価値、存在（あること）と当為（あるべきこと）の分離が進んだことによって、現実に存在する世界は、事実的世界として価値中立的に認識することが可能であるという了解が生まれた。

認識は本来、人間を含むいかなる生命にとっても「行為のための認識」としてあり、生という究極の価値に指向している。いかなる生命にとっても世界は過剰に複雑であり、環境のなかで生きるためには、適切な行為を選択できるように世界を単純化したかたちで認識しなければならない。認識は、その意味で価値的・実践的な指向性を帯びている。ところが、事実と価値、認識と行為の直接的な連関が断ち切られたことによって、「認識のための認識」が生まれた。このような「認識のための認識」を行う営みが近代科学にほかならない。

そして、近代科学の営みを制度的に保証したのが近代社会の機能分化であった。科学システムが形成されたことによって、科学研究は、社会的な分業活動の一環として組み込まれた。事実と価値の分離をつうじて、科学研究が科学システムとして分化する一方で、社会的な価値や目標を決定する営みは政治システム、生産活動をつうじてその価値や目標を実現する営みは経済システムとして分化した。

このような科学に対して、技術は、特定の価値を実現するための実践的な手段であり、いかなる場合にも有用性に指向している。技術においては「誰にとっての、いかなる価値なのか」が問われ、その答えは状況的コンテクストに依存している。これは、近代科学がいついかなる状況のもとでも妥当する客観的・普遍的な認識をめざしたのと対照的である。科学と技術の間にこのような違いがあるために、両者は切り離されていたのである。

ところが二〇世紀中葉に、科学と技術の関係を変化させる出来事が起こった。その大きなきっかけとなったのが、第二次世界大戦中に行われた米国のマンハッタン計画（核兵器開発計画）である。核兵器開発は、科学の実践的な応用として科学と技術を結びつけただけでなく、国家の政治的プロジェクトとして科学と政治を結びつけた。そして同じ頃、産業界でも科学技術の開発が行われるようになった。

以後、原発技術、遺伝子操作技術、情報技術など、社会の中核的な技術は、科学システム、政治システム、経済システムの緊密な連携のもとで開発されてきた。科学技術を開発するためには、科学的知識を基にしつつ、いったん行為から切り離された認識を再び行為に接続しなければならない。政治的意思決定をつうじて価値を選択し、その価値を実現するための手段を効率的に生産しなければならない。そのような手段として生み出されたのが科学技術である。科学技術は、事実と価値、認識と行為のいずれの領域にも跨がっているので、科学技術の開発は、科学システム、政治システム、経済システムの機能的融合を推し進めてきた。

今回の原発事故の構造的要因として、「原子力ムラ」と称される「産・学・官の癒着的構造」が指摘されたが、産・学・官は、それぞれ経済システム・科学システム・政治システムに対応している。このような癒着的構造が形成された背後には、日本社会の特質とともに、二〇世紀後半以降に進んだ現代社会の構造的変化が控えている。

原発事故の発生と資本主義の変貌から見えてきたのは、近代社会のなかで確立された機能分化の変容である。人間が生きるためには、価値実現の過程で生ずるさまざまな問題を解決するための社会的仕組みを創り出さなければならず、近代社会の機能分化はそうした仕組みの一つである。機能分化は、「事実と価値」「認識と行為」の分離をつうじて問題を分割し、各機能システムが細分化されたそれぞれの問題を担当することによって問題解決を容易にした。しかし、原発事故と現代資本主義が示唆しているのは、機能分化——もう少し正確にいえば、二〇世紀後半以降に始まっている機能分化の変容——が現代的問題の解決において十分な適合性をもっていないということである。
もちろん、機能分化の単なる廃棄や再建によって問題が解決されるわけではない。複雑な問題を解決するには、より単純な問題に分解したうえで再統合することが必要であり、肝心なのはその分解・再統合の仕方にある。すでに機能分化の変容が起こっているとはいえ、着地点は未だ見出されてはいない。その実現すべき着地点を見出すことが、二一世紀を生きる私たちに課せられた課題といえるのではないだろうか。

最後に、本書の構想・執筆にかかわった方々に謝意を表したい。本書の執筆のきっかけとなったのは、文部科学省科学研究費（基盤研究B）「ユビキタス社会の社会情報学基礎論」の研究成果として発表された論文「金融恐慌にみるコミュニケーションの成立機制——神・貨幣・情報空間」（正村俊之編著『コミュニケーション理論の再構築——身体・メディア・情報空間』勁草書房）である。第5章以外はすべて書き下ろしであるが、第5章はこの論文を加筆・修正したものである。この論文を執筆するにあたって、研究会のメンバーであった遠藤薫氏（学習院大学）、伊藤守氏（早稲田大学）、山内志朗氏（慶應大学）、大黒岳彦氏（明治大学）、柴田邦臣氏（大妻女子大学）に感謝したい。次に、機能分化研究会のメンバーである加藤眞義氏（福島大学）、小松丈晃氏（北海道教育大学）、高橋徹氏（中央大学）、荒川敏彦氏（千葉商科大学）には、本書の草稿に対して有益なコメントをいただいた。
そして本書の刊行に際して、有斐閣書籍編集第二部の松井智恵子氏と四竈佑介氏には、ひとかたならぬお世話になった。社会学と経済学の間にあって評価が分かれる本書がこうして日の目を見ることができたのは、お二人の熱意のおかげである。厚く御礼申し上げたい。

二〇一四年一月

正村俊之

●著者紹介

正村 俊之（まさむら　としゆき）

1953年，東京都に生まれる。
1983年，東京大学大学院社会学研究科博士課程単位取得退学。関西学院大学社会学部助教授などを経て，
現　在，東北大学大学院文学研究科教授。
著作に，『秘密と恥――日本社会のコミュニケーション構造』（勁草書房，1995年），『情報空間論』（勁草書房，2000年），『コミュニケーション・メディア――分離と結合の力学』（世界思想社，2001年），『グローバル社会と情報的世界観――現代社会の構造変容』（東京大学出版会，2008年），『グローバリゼーション――現代はいかなる時代なのか』（有斐閣，2009年）など。

変貌《へんぼう》する資本主義《しほんしゅぎ》と現代社会《げんだいしゃかい》 ●貨幣・神・情報
Changing Capitalism and Modern Society: Money, God and Information

2014年3月20日　初版第1刷発行

著　者　正　村　俊　之
発行者　江　草　貞　治
発行所　株式会社　有　斐　閣
郵便番号 101-0051
東京都千代田区神田神保町 2-17
電話（03）3264-1315〔編集〕
（03）3265-6811〔営業〕
http://www.yuhikaku.co.jp/

印刷・株式会社理想社／製本・大口製本印刷株式会社
© 2014, Toshiyuki Masamura. Printed in Japan
落丁・乱丁本はお取替えいたします。
★定価はカバーに表示してあります。

ISBN 978-4-641-17397-2

JCOPY 本書の無断複写（コピー）は，著作権法上での例外を除き，禁じられています。複写される場合は，そのつど事前に，（社）出版者著作権管理機構（電話03-3513-6969，FAX03-3513-6979，e-mail：info@jcopy.or.jp）の許諾を得てください。

■事項索引

●さ行

●た行

●な行

●は行

●ま行

●や行

■人名索引

●ま行

●や行

●ら行

●わ行

参考文献

Agnew, J. C., 1986, *Worlds Apart: The Market and the Theater in Anglo-American Thought, 1550–1750*, Cambridge University Press.（=1995, 中里壽明訳『市場と劇場——資本主義・文化・表象の危機 1550–1750年』平凡社）
相沢幸悦, 2009,『恐慌論入門——金融崩壊の深層を読みとく』NHK ブックス。
Allen, F. L., 1931, *Only Yesterday: An Informal History of the Nineteen Twenties*, Harper & Brothers Publishers.（=1993, 藤久ミネ訳『オンリー・イエスタデイ——1920 年代・アメリカ』ちくま文庫）
Anderson, B., 2005, *The Spectre of Comparisons: Nationalism, Southeast Asia and the World*, Verso.（=2005, 糟谷啓介・高地薫ほか訳『比較の亡霊——ナショナリズム・東南アジア・世界』作品社）
Ball, S. J., and D. Youdell, 2008, *Hidden Privatization in Public Education*, Education International.（=2009, 福田誠治ほか訳『公教育にしのびよる私営化』アドバンテージサーバー）
Baudrillard, J., 1970, *La société de consommation: ses mythes, ses structures*. Editions Planéte.（=1979, 今村仁司・塚原史訳『消費社会の神話と構造』紀伊國屋書店）
Beck, U., 1986, *Risikogesellschaft auf dem Weg in eine andere Moderne*, Suhrkamp.（=1998, 東廉・伊藤美登里訳『危険社会——新しい近代への道』法政大学出版局）
Bell, D., 1973, *The Coming of Post-industrial Society*, Basic Books.（=1975, 内田忠夫ほか訳『脱工業社会の到来——社会予測の一つの試み』〈上・下〉, ダイヤモンド社）
———, 1976, *The Cultural Contradictions of Capitalism*, Basic Books (=1976–77, 林雄二郎訳『資本主義の文化的矛盾』〈上・中・下〉, 講談社学術文庫）

Benveniste, É., 1969, *Le vocabulaire des institutions Indo-Européennes: 1. Economie, parenté, société*, Minuit.（=1986，蔵持不三也ほか共訳『インド＝ヨーロッパ諸制度語彙集 1　経済・親族・社会』言叢社）
Castells, M., 1996, *The Rise of The Network Society: The Information Age: Economy, Society and Culture*, Volume I , Blackwell.
————, 1997, *The Power of Identity: The Information Age: Economy, Society and Culture*, Volume II, Blackwell.
————, 1998, *End of Millennium: The Information Age: Economy, Society and Culture*, Volume III, Blackwell.
Chancellor, E. 1999, *Devil Take the Hindmost : a History of Financial Speculation*, Gillion Aitken Associates Ltd.（=2000，山岡洋一訳『バブルの歴史——チューリップ恐慌からインターネット投機へ』日経 BP 社）
Clark, T., 2005,「イギリスにおける大学評価——政府からの観点」秦由美子編著『新時代を切り拓く大学評価——日本とイギリス』東信堂。
Coase, R. H., 1988, *The Firm, the Market, and the Law*, University of Chicago Press.（=1992，宮沢健一・後藤晃・藤垣芳文訳『企業・市場・法』東洋経済新報社）
Crotty, J., 2005, "The Neoliberal Paradox: The Impact of Destructive Product Market Competition and Impatient Finance on. Nonfinancial Corporations in the Neoliberal Era," in G. Epstein（ed.）, *Financialization and the World Economy*, Edward Elgar.
Cusanus, N., 1453, *De Visione Dei*.（=2001，八巻和彦訳『神を観ることについて：他二篇』岩波文庫）
ドーア, R. P., 2011,『金融が乗っ取る世界経済——21 世紀の憂鬱』中公新書。
Durkheim, E., 1912, *Les formes élémentaires de la vie religieuse : Le système totèmique en Australie*.（=1975，古野清人訳『宗教生活の原初形態』〈上・下〉，岩波文庫）
Fama, E. F., 1991, "Efficient Capital Markets," *Journal of Finance*, 46（2）.
Foucault, M., 1975, *Surveiller et punir: Naissance de la prison*, Gallimard.（=1977，田村俶訳『監獄の誕生——監視と処罰』新潮社）

———, 2004, *Naissance de la biopolitique: Cours au Collège de France. 1978-1979*, Gallimard/Seuil.（=2008，慎改康之訳『ミシェル・フーコー講義集成 8　生政治の誕生――コレージュ・ド・フランス講義 1978-1979 年度』筑摩書房）
Fraser, N., 2003, “From Discipline to Flexibilization?: Rereading Foucault in the Shadow of Globalization”, *Constellations: An International Journal of Critical and Democratic Theory*, 10(2), pp. 160-171.（=2011，関口すみ子訳「規律化から柔軟化へ？――グローバライゼーションの影の下でフーコーを再読する」『思想』11 月号，岩波書店）
Frazer, J. G., 1968, *The Magical Origin of Kings*, Dawsons of Pall Mall.（=1986，折島正司・黒瀬恭子訳『王権の呪術的起源』思索社）
Friedman, M., 1982, *Capitalism and Freedom*, The University of Chicago.（=2008，村井章子訳『資本主義と自由』日経 BP 社）
藤井眞理子，2009，『金融革新と市場危機』日本経済新聞出版社。
藤田英典，2010，「学校改革　序論」藤田英典・大桃敏行編著『リーディングス　日本の教育と社会⑪　学校改革』日本図書センター。
Fumagalli, A. and S. Lucarelli, 2007, A Model of Cognitive Capitalism: a Preliminary Analysis, *European Journal of Economic and Social Systems*, 20(1).
———, and S. Mezzadra (eds.), 2009, *Crisi dell' economia globale*, ombre corte.（=2010，朝比奈佳尉・長谷川若枝訳『金融危機をめぐる 10 のテーゼ』以文社）
Galbraith, J. K., 1990, *A Short History of Financial Euphoria*, Pengin Books.（=2008，鈴木哲太郎訳『バブルの物語――人々はなぜ「熱狂」を繰り返すのか』ダイヤモンド社）
———, 1997, *The Great Crash 1929*, Houghton Mifflin.（=2008, 村井章子訳『大暴落 1929』日経 BP 社）
Grierson, P., 1977, *The Origins of Money*, Athlone Press.
Grierson, P. J. H., 1903, *The Silent Trade: a Contribution to the Early History of Human Intercourse*.（=1997，中村勝訳『沈黙交易――異文化接触の原初的メカニズム序説』ハーベスト社）
Habermas, J., 1981, *Theorie des kommunikativen Handelns*, Suhrkamp.

(=1985-87，河上倫逸ほか訳『コミュニケイション的行為の理論』〈上・中・下〉，未來社)
Hardach, G. and J. Schilling, 1980, *Das Buch vom Markt*, Verlag C. J. Bucher, Munich and Lucerne.（=1988，石井和彦訳『市場の書――マーケットの経済・文化史』同文館）
Hardt, M. and A. Negri, 2000, *Empire*, Harvard University Press.（=2003，水嶋一憲・酒井隆史・浜邦彦・吉田俊実訳『〈帝国〉――グローバル化の世界秩序とマルチチュードの可能性』以文社）
Harvey, D., 2005, *A Brief History of Neoliberalism*, Oxford University Press.（=2007，渡辺治監訳・森田成也ほか訳『新自由主義――その歴史的展開と現在』作品社）
井村喜代子，2010，『世界的金融危機の構図』勁草書房。
伊藤誠，2009，『サブプライムから世界恐慌へ――新自由主義の終焉とこれからの世界』青土社。
伊藤誠／C. ラパヴィツァス，2002，『貨幣・金融の政治経済学』岩波書店。
可児滋・雪上俊明，2012，『デリバティブがわかる』日本経済新聞出版社。
川口昭彦，2006，『大学評価文化の展開――わかりやすい大学評価の技法』ぎょうせい。
Keynes, J. M.,〔1930〕1971, *A Treatise on Money 1: The Pure Theory of Money*, Vol. V of *The Collected Writings of John Maynard Keynes*. Macmillan.（=1979，小泉明・長澤惟恭訳『貨幣論１　貨幣の純粋理論』ケインズ全集，第５巻，東洋経済新報社）
――――, 1936, *The General Theory of Employment, Interest and Money*, Macmillan.（=2008，間宮陽介訳『雇用，利子および貨幣の一般理論』〈上・下〉, 岩波文庫）
菊澤研宗，2004，『比較コーポレート・ガバナンス論――組織の経済学アプローチ』有斐閣。
Kindleberger, C. P., 2002, *Manias, Panics and Crashes : a history of financial crises*, Forth Edition, Palgrave.（=2004，吉野俊彦・八木甫訳『熱狂，恐慌，崩壊――金融恐慌の歴史』日本経済新聞社）
小林信雄，1999，『主の晩餐――その起源と展開』日本基督教団出版局。
駒村康平，2004，「疑似市場論――社会福祉基礎構造改革と介護保険に与

えた影響」渋谷博史・平岡公一編著『福祉の市場化をみる眼——資本主義メカニズムとの整合性』ミネルヴァ書房。
久保木匡介，2008,「イギリスにおけるNPM教育改革の展開」佐貫浩・世取山洋介編『新自由主義教育改革——その理論・実態と対抗軸』大月書店。
倉橋透・小林正宏，2008,『サブプライム問題の正しい考え方』中公新書。
倉澤資成，1988,『株式市場——資本主義の幻想』講談社現代新書。
Laum, B., 2006, *Heiliges Geld: Eine historische Untersuchung über den sakralen Ursprung des Geldes*, Semele Verlag.
Le Bon, G., 1921, *Psychologie des foules*, Félix Alcan.（=1993，櫻井成夫訳『群衆心理』講談社学術文庫）
Le Grand, J., 2007, *The Other Invisible Hand: Delivering Public Services through Choice and Competition*, Princeton University Press.（=2010, 後房雄訳『準市場 もう一つの見えざる手——選択と競争による公共サービス』法律文化社）
Leibniz, G. W. F., 1954, *Principes de la nature et de la grâce fondés en raison: Principes de la philosophie ou monadologie*（André Robinet éd.）, Presses universitaires de France.（=1989，西谷祐作訳「モナドロジー〈哲学の原理〉」『ライプニッツ著作集』9,「後期哲学」工作舎）
Luhmann, N., 1973, *Vertrauen: ein Mechanismus der Reduktion sozialer Komplexität*, Ferdinand Enke Verlag.（=1990，大庭健・正村俊之訳『信頼——社会的な複雑性の縮減メカニズム』勁草書房）
————, 1981, *Politische Theorie im Wohlfahrtsstaat*, Olzog.（=2007, 徳安彰訳『福祉国家における政治理論』勁草書房）
————, 1984, *Soziale Systeme: Grundriß einer allgemeinen Theorie*, Suhrkamp.（=1993–95，佐藤勉監訳『社会システム理論』〈上・下〉, 恒星社厚生閣）
————, 1988, *Die Wirtschaft der Gesellschaft*, Suhrkamp Verlag.（=1991，春日淳一訳『社会の経済』文眞堂）
————, 1997, *Die Gesellschaft der Gesellschaft*, Suhrkamp.（=2009，馬場靖雄・赤堀三郎・菅原謙・高橋徹訳『社会の社会』〈1・2〉，法政大学出版局）

———, 2002, *Das Erziehungssystem der Gesellschaft*, Suhrkamp Verlag.（=2004，村上淳一訳『社会の教育システム』東京大学出版会）
Machiavelli, N., 1900, *Il Principe, Giuseppe Lisio, Firenze*, Sansoni.（=2001，池田廉訳『君主論』中公クラシックス）
Mackay, C., 1852, *Memoirs of Extraordinary Popular Delusions and the Madness of Crowds*.（=2004，塩野未佳・宮口尚子訳『狂気とバブル――なぜ人は集団になると愚行に走るのか』パンローリング）
Marx, K.,〔1867, 85, 94〕1962, 63, 64, *Das Kapital*, Ⅰ，Ⅱ，Ⅲ, in *Marx-Engels Werke*, Bd. 23, 24, 25, Dietz Verlag.（=1972，岡崎次郎訳『資本論』〈1〉～〈9〉, 大月書店）
正村俊之，2000，『情報空間論』勁草書房。
———, 2001,『コミュニケーション・メディア――分離と結合の力学』世界思想社。
———, 2008,『グローバル社会と情報的世界観――現代社会の構造変容』東京大学出版会。
———, 2009,『グローバリゼーション――現代はいかなる時代なのか』有斐閣。
———, 2011,「現代社会における境界変容」『思想』11 月号，岩波書店。
Mauss, M. and H. Hubert, 1899, *Essai sur la nature et la fonction du sacrifice*.（=1983，小関藤一郎訳『供犠』法政大学出版局）
Merton, R. K., 1957, *Social Theory and Social Structure: Toward the Codification of Theory and Research*, The Free Press.（=1961，森東吾ほか訳『社会理論と社会構造』みすず書房）
Mill, J. S., 1871, *Principles of Political Economy with some of their Applications to Social Philosophy*.（=1960，末永茂喜訳『経済学原理』〈3〉，岩波文庫）
Minsky, H. P., 1992, "The Financial Instability Hypothesis," *Working Paper*, No.74, The Jerome Levy Economics Institute of Bard College.
森田隆大，2010，『格付けの深層――知られざる経営とオペレーション』日本経済新聞出版社。
Morris, C. R., 2008, *The Trillion Dollar Meltdown*, Public Affairs.（=2008，山岡洋一訳『なぜ，アメリカ経済は崩壊に向かうのか――信用バブルと

いう怪物』日本経済新聞出版社）
中島健二，1994，「中世の貨幣論――商人，君主，教会の関係をめぐって」本山美彦編著『貨幣論の再発見』三嶺書房。
野口悠紀雄，2000，『金融工学，こんなに面白い』文春新書。
Neave, G., 1988, “On the Cultivation of Quality, Efficiency and Enterprise: An Overview of Recent Trends in Higher Education in Western Europe, 1968-1988”, *European Journal of Education*, 23（1/2）, pp. 7–23.
二宮厚美，2005，「自治体再編の新展開と日本のNPM」，岡田章宏・自治体問題研究所編『NPMの検証――日本とヨーロッパ』自治体研究社。
大黒俊二，2006，『嘘と貪欲――西欧中世の商業・商人観』名古屋大学出版会。
大橋和彦，2001，『証券化の知識』日本経済新聞出版社。
Orléan, A., 1999, *Le Pouvoir de la finance* , Editions Odile Jacob.（=2001，坂口明義・清水和巳訳『金融の権力』藤原書店）
大住荘四郎，1999，『ニュー・パブリック・マネジメント――理念・ビジョン・戦略』日本評論社。
小佐野広，2001，『コーポレート・ガバナンスの経済学――金融契約論からみた企業編』日本経済新聞社。
Piore, M. J. and C. F., Sable, 1984, *The Second Industrial Divide : Possibilities for Prosperity*, Basic Books.（=1993，山之内靖ほか訳『第二の産業分水嶺』筑摩書房）
Polanyi, K., 1957, *The Great Transformation: The Political and Economic Origins of Our Time*, Beacon Press.（=1975，吉沢英成・野口建彦・長尾史郎・杉村芳美訳『大転換――市場社会の形成と崩壊』東洋経済新報社）
――――, 1977, *The Livelihood of Man*, Academic Press.（=2005，玉野井芳郎・栗本慎一郎訳『人間の経済Ⅰ――市場社会の虚構性』岩波書店）
Power, M., 1997, *The Audit Society: Rituals of Verification*, Oxford University Press.（=2003，國部克彦・堀口真司訳『監査社会――検証の儀式化』東洋経済新報社）
Ruggie, J. G., 1982, “International Regimes, Transactions, and Change:

Embedded Liberalism in the Postwar Economic Order," *International Organization*, 36(2), pp. 379–415.
斉藤泰雄, 2012,『教育における国家原理と市場原理――チリ現代教育政策史に関する研究』東信堂。
Sassen, S., 1996, *Losing Control?: Sovereignty in the Age of Globalization*, Columbia University Press.（=1999, 伊豫谷登士翁訳『グローバリゼーションの時代――国家主権のゆくえ』平凡社）
Saxenian, A., 1994, *Regional Advantage: Culture and Competition in Silicon Valley and Route 128*, Harvard University Press.（=1995, 大前研一訳『現代の二都物語――なぜシリコンバレーは復活し, ボストン・ルート128は沈んだか』講談社）
Shell, M., 1995, *Art and Money*, The University of Chicago Press.（=2004, 小澤博訳『芸術と貨幣』みすず書房）
島一則, 2007,「国立大学間・内資金分配の実態――評価に基づいて配分される資金と基盤的資金」『国立大学法人化後の財務・経営実態に関する総合的研究』国立大学財務・経営センター。
Simmel, G., 1900, *Philosophie des Geldes*, Duncker & Humblot.（=1999, 居安正訳『貨幣の哲学』白水社）
――――, 1923, *Soziologie: Untersuchungen über die Formen der Vergese*, Duncker & Humblot.（=1994, 居安正訳『社会学――社会化の諸形式についての研究』白水社）
Singer, P. W., 2003, *Corporate Warriors: The Rise of the Privatized Military Industry*, Cornell University Press.（=2004, 山崎淳訳『戦争請負会社』日本放送出版協会）
Smith, A., 1789, *An Inquiry into the Nature and Causes of the Wealth of Nations*.（=2000–01, 水田洋監訳『国富論』1–4, 岩波文庫）
末松裕基, 2012,「イギリスの学校経営」佐藤博志編／鞍馬裕美・末松裕基『学校経営の国際的探求――イギリス・アメリカ・日本』酒井書店。
Thomas, G., and W. M. Morgan, 1979, *The Day the Bubble Burst: A Social History of the Wall Street Crash of 1929*, H. Hamilton（=1998, 常盤新平訳『ウォール街の崩壊――ドキュメント世界恐慌・1929年』〈上・下〉, 講談社学術文庫）

Trakhtenberg, I. A., 1939, Мировые экосомические кризисы, т. Ш. Денежные кризисы 1821–1938 гг. М., Госфиниздат.（=1967，及川朝雄訳『貨幣恐慌の理論』岩崎学術出版社）
Tvede, L., 1997, *Business Cycles: The Business Cycle Problem from John Law to Chaos Theory*, Harwood Academic Publishers.（=1998，赤羽隆夫訳『信用恐慌の謎――資本主義経済の落とし穴』ダイヤモンド社）
宇高基輔，1959,「世界恐慌史」『講座 恐慌論Ⅳ 恐慌史』東洋経済新報社。
梅棹忠夫，1963,「情報産業論」『放送朝日』1963年1月号（梅棹忠夫『情報の文明学』中公文庫，1999に所収）。
潮木守一，2004『世界の大学危機――新しい大学像を求めて』中公新書。
Weber, M., 1920, Die protestantische Ethik und der »Geist« des Kapitalismus, 1904–05, in *Gesammelte Aufsätze zur Religionssoziologie*, I, J. C. B. Mohr.（=1989，大塚久雄訳『プロテスタンティズムの倫理と資本主義の精神』岩波文庫）
————, 1922, *Wirtschaft und Gesellschaft*, Tübingen.
山崎その，2012,『大学経営の評価システム――手法の開発とマネジメントへの応用』晃洋書房。
米澤彰純，2005,「大学『評価』をめぐる日本の文脈」秦由美子編著『新時代を切り拓く大学評価――日本とイギリス』東信堂。
世取山洋介，2008,「新自由主義教育政策を基礎づける理論の展開とその全体像」佐貫浩・世取山洋介編『新自由主義教育改革――その理論・実態と対抗軸』大月書店。